Sistema de Gerenciamento de Incidentes e Crises

ATIRADOR ATIVO

MÚLTIPLOS ATAQUES COORDENADOS

Atualizando a Doutrina

© Copyright 2020
Ícone Editora

Proibida a reprodução total ou parcial desta obra, de qualquer forma ou meio eletrônico, mêcanico, inclusive por meio de processo xerográficos, sem permissão do editor (Lei nº 9.610/98).

Diagramação
Luiz Antonio Gonçalves

Revisão
Tânia Lins

CIP-BRASIL. CATALOGAÇÃO NA PUBLICAÇÃO
SINDICATO NACIONAL DOS EDITORES DE LIVROS, RJ

S636

Sistema de gerenciamento de incidentes e crises e a ameaça do atirador ativo : atualizando a doutrina / Wanderley Mascarenhas ... [et al.]. - 1. ed. - São Paulo : Ícone, 2020.
    210 p. ; 16x23 cm.

    Inclui índice
    ISBN 9786586179033

    1. Policiais - Treinamento. 2. Administração de crises. I. Mascarenhas, Wanderley.

20-67487	CDD: 363.23	
	CDU: 351.74	

Meri Gleice Rodrigues de Souza - Bibliotecária - CRB-7/6439

09/11/2020   09/11/2020

Todos os direitos reservados pela
ÍCONE EDITORA
Rua Javaés, 589 - Bom Retiro
CEP: 01130-010 - São Paulo/SP
Fone/Fax: (11) 3392-7771
www.iconeeditora.com.br
iconevendas@iconeeditora.com.br

Prefácio

Feliz é o leitor que encontra, em uma bela obra, aquilo que busca. Se esse leitor é interessado no tema altamente dinâmico de "gerenciamento de situações problemáticas", ele encontrou o que procurava.

Crises! Cada caso é um caso! Cada crise é uma crise distinta! Como, então, estabelecer uma regra que possa atender a todas as circunstâncias? No meu entendimento isso fica muito difícil! Contudo, há, sim, muita importância em buscar estabelecer, ou sugerir, regras, conceitos e estruturas que possam facilitar a gestão dos incidentes que, porventura, surgirem. É exatamente isso que a obra, *O Sistema de Gerenciamento de Incidentes e Crises e a Ameaça do Atirador Ativo - atualizando a doutrina*, da lavra de quatro excelentes policiais militares de SP — Cel Wanderley Mascarenhas, Cel Márcio Santiago Higashi Couto, Ten Cel Valmor Saraiva Racorti e Major Paulo Augusto Aguilar — busca estabelecer.

Algumas áreas — diplomacia, defesa e segurança pública — têm esse tema em suas grades curriculares. Trata-se de conhecimento imprescindível. Contudo, há uma delas em que isso ocorre com muita frequência — a da Segurança Pública. Os crimes e os criminosos não dão trégua, e enfrentá-los é uma necessidade e um dever. Nesse contexto, podem surgir situações que exijam procedimentos estabelecidos, integração de ações e estruturas devidamente preparadas. Daí a utilidade desta obra.

Este compêndio traz a evolução do "gerenciamento de crises", ampliando o entendimento da necessidade do estabelecimento de processos e da criação de estruturas que contribuam para a solução de uma situação complexa, ajudando a salvar vidas. Ela faz um passeio pelo histórico desse método, lembrando o ineditismo do trabalho acadêmico, de 1995, do Cel Wanderley Mascarenhas. Hoje, passados 25 anos, com o aprendizado ampliado e sedimentado a cada evento, se percebe que, muito além de um trabalho visando à solução de uma situação, está o entendimento de que, na realidade, há que se fazer a gestão de um fato em todas as suas considerações: antecedentes, fato propriamente dito, consequências e reflexos. Esse contexto leva à reflexão de que para se chegar à efetividade (mais do que eficácia e eficiência) é preciso que o fato considerado seja amplamente administrado, buscando, sempre, as atitudes de preparação, participação, iniciativa e antecipação.

Esse "novo" entendimento mostra que é prudente buscar experiências em outros países e estabelecer um sistema de Comando e Controle (C2) que contribua para a solução. Esse sistema de Comando poderá contar, a exemplo dos estados-maiores, com a previsão de funções dedicadas a áreas específicas (inteligência, operação, logística, administração, comunicação social, tecnologia da informação) com vistas à obtenção da consciência situacional e à condução do evento. Com sugestões desse tipo, os autores "colocam em forma" aspectos da conhecida cultura do "trabalho de comando" e propõem o estudo de estrutura própria de emprego. Tudo visando à preservação das vítimas e à proteção dos policiais.

A obra valoriza a padronização de processos, de atitudes, de tecnologias. Destaca a importância das "operações interagências" — o mundo tem demonstrado que não há mais espaço para operações singulares, pois o "conjunto da obra" melhor fica integrando vários atores e valorizando a interoperabilidade.

O livro que o leitor manuseia tem tudo para ser considerado como um verdadeiro "manual". Por certo, será bastante considerado no estudo de viabilização de estrutura própria e para o estabelecimento de doutrina específica.

Visualizo as discussões para a obtenção de um "sistema próprio" e das melhores maneiras de preparação das equipes. A sociedade, a quem cabe a proteção, sairá fortalecida.

Há uma frase na obra que, para mim, retrata a importância do tema para a proteção de pessoas e preservação dos policiais: "Na crise, enquanto a maioria dos cidadãos tende a abandonar um local caótico, os policiais querem e precisam entrar nele". Por isso, a obra é importante; por isso, precisa e deve ser estudada.

Parabéns aos autores! Bom proveito aos leitores!

General João Camilo Pires de Campos
Secretário de Segurança Pública do Estado de São Paulo

Introdução

Ao longo dos anos, a segurança pública no Brasil vive constantes mudanças de procedimentos na sua área de técnicas policiais voltadas para o atendimento de ocorrências específicas, que envolvem reféns localizados, ameaças de suicídios, atiradores ativos, detentos em revolta — provocando rebeliões com reféns —, ameaças e ataques envolvendo artefatos explosivos, combate ao crime organizado — que atua em roubos a carros-fortes, agências bancárias e empresas de transporte de cargas ou outros tipos de eventos semelhantes.

Essas ocorrências criam as mais diversas situações, obrigando, de imediato, a instituição policial a realizar o protocolo adequado para responder e solucionar a ocorrência com uma resposta satisfatória.

Os norte-americanos usam o termo *law enforcement*, que podemos traduzir como forças de aplicação da lei. Como no Brasil não costumamos utilizar esse termo mais abrangente, utilizaremos o termo "polícia", genericamente, para indicar as forças de segurança pública, tanto as polícias no nível federal quanto polícias estaduais, civis e militares, além das guardas municipais e as forças armadas, quando em operações de garantia da lei e da ordem (GLO).

Diante da diversidade dos fatos, existe a necessidade de a instituição policial realizar constantemente ações norteadoras de capacitação e qualificação técnico-profissional, que possibilitem ao policial realizar tarefas capazes de identificar situações críticas e executar de maneira técnica os procedimentos recomendáveis para a organização de um cenário de crise e seu correto atendimento e sua correta resolução.

Além disso, deve haver a preocupação com a aplicação correta do procedimento sistemático pós-ocorrência, que possibilite um estudo de caso, de cunho técnico-científico, com dados e informações, objetivando mostrar as falhas e os acertos dos policiais envolvidos na ocorrência e buscar novas maneiras para atualizar o protocolo de ações em eventos dessa natureza.

O processo de marginalização, que vem se agravando assustadoramente, leva parte da população à prática de atos antissociais e de ilícitos penais diversos, nos quais vidas humanas são sacrificadas, fruto do enfrentamento entre marginais e policiais.

O surgimento de uma crise é bastante provável, principalmente se ela tem origem em um crime em andamento, como normalmente ocorre na maioria das situações em que pessoas são tomadas e feitas reféns, sendo utilizadas como um objeto de troca e meramente como garantia de vida do infrator, criando um impasse e colocando vidas em risco.

Ocorrências com reféns cresceram dramaticamente no mundo inteiro, e sabe-se que situações como essas são delicadas e críticas, visto que vidas são submetidas ao perigo constante.

Esses problemas padecem de um plano aprimorado, como foi o gerenciamento de crises, no qual foram estabelecidas normas, para a adoção em situações críticas, e treinamento específico, para que os atos dos profissionais designados para gerenciar a crise não sejam impulsivos, descoordenados e amadorísticos, para que vidas não sejam perdidas desnecessariamente.

A negociação surgiu como elemento fundamental de que dispõe a polícia para que ocorra a solução pacífica da crise, devendo, assim, ser conduzida dentro dos princípios doutrinários.

Figura 1 - O Grupo de Ações Táticas Especiais (GATE), da PMESP, em uma ocorrência com **reféns** durante um roubo a uma agência dos Correios, na zona leste da cidade de São Paulo (2017).

Fonte: arquivo pessoal dos autores

As organizações policiais mais evoluídas, principalmente a norte-americana, sempre se preocuparam e se preocupam em ter uma pronta resposta às ocorrências que fogem da normalidade e que requeiram um tratamento diferenciado e especializado, envolvendo pessoas mantidas em cárcere privado e sob forte ameaça contra a vida.

Embora a doutrina tenha sido idealizada para administrar diversos tipos de situações, dos mais variados segmentos policiais, as crises — envolvendo refém localizado — constituem o principal foco de atenção; primeiro, devido à exposição do aparato policial, em especial, e, segundo, do governo, de forma geral.

Até os dias atuais não existe uma fórmula única e delimitada a ser seguida para a resolução de problemas de desordem pública de alta complexidade, geradores de crise, particularmente aqueles que envolvem risco de morte.

As situações desse tipo se instalam e se resolvem de acordo com diversos fatores, e, por isso, é necessário que a instituição policial possua uma qualificação, com conhecimento atualizado, das mais variadas técnicas de resolução de crises, e tenha condições, no momento da ação, de minimizar possíveis falhas operacionais e logísticas que podem sempre ocorrer em razão das variáveis envolvidas.

Portanto, espera-se que as crises surgidas da desordem e da quebra da paz social, geradas nos espaços público e privado, mereçam um tratamento altamente profissional e diferenciado, na busca do aperfeiçoamento de procedimentos no transcurso do processo de resolução de crise, cujos resultados positivos aumentem a confiança da população nas ações da polícia, elevando-se o conceito da organização policial que motiva, sobremaneira, as relações interpessoais entre seus integrantes e a comunidade.

Atuando sempre nos conflitos sociais e nas ameaças à vida, participando do processo de manutenção da liberdade e preservando o patrimônio público e privado, profissionais de polícia de todos os níveis convivem, diuturnamente, com situações de perigo, para si e para outrem, sempre com o objetivo de salvar vidas.

Entre as mais diversas atividades, muitas delas são voltadas, em maior ou menor grau, para a administração de situações críticas, quando o indivíduo, o grupo ou as instituições se deparam com ameaças e há necessidades de respostas imediatas e eficazes para a sobrevivência. As atribuições de segurança pública se sobressaem como as mais difíceis, justamente por se constituírem de elementos de constante administração de crises.

Há uma dificuldade nas ações das instituições policiais para se organizarem diante de crises policiais em suas fases iniciais. Alguns casos não puderam ser contidos em um primeiro momento, seja por características ambientais ou por deficiência em armamento, equipamento ou emprego de técnicas e táticas inadequadas, entre outros fatores.

As ações da polícia devem, invariavelmente, ser entendidas como resultado de estudos científicos, com metodologia suficiente para promover práticas que possibilitem a evolução contínua e regular da instituição em seus objetivos primários, notadamente, o atendimento de crises policiais.

Independentemente da gravidade e da abrangência que uma ocorrência policial possa ter, a instituição de defesa da lei deve estar preparada, em diversos níveis, para identificar ameaças e riscos emergentes, e, caso ocorram, responder com ultravelocidade e resiliência frente ao problema em seus momentos iniciais, antes que se agravem, buscando o máximo de eficiência.

Para isso, deve-se aplicar o estado da arte de prevenção e a repressão imediata, postuladas pelas Ciências Policiais de Segurança e Ordem Pública, por meio de um comando unificado, de respostas integradas e recuperação planejada das sociedades abaladas.

Mais do que nunca, esse alargamento no aspecto preventivo vai ao encontro do conceito de Segurança Humana ou Segurança Alargada, utilizado oficialmente pela primeira vez no Relatório do Programa das Nações Unidas (ONU) para o Desenvolvimento (PNUD), em 1994, e teria como objetivo a "libertação do medo" e a "libertação da necesidade", procurando promover o diálogo para o desenvolvimento humano nos níveis individual, familiar e comunitário (OLIVEIRA, 2020).

A Segurança Humana é formada por várias esferas: Segurança Econômica, Segurança Alimentar, Segurança na Saúde, Segurança Ambiental, Segurança Cidadã (inserida aí a Segurança Pública), Segurança Comunitária e Segurança Político-Jurídica.

Os conflitos atuais, denominados de guerra de quarta geração ou conflitos assimétricos, envolvendo também a chamada guerra híbrida, caracterizam-se pela perda do monopólio da guerra pelos estados para entes não estatais, por exemplo, crime organizado, terrorismo fundamentalista ultrarradical, terrorismo criminoso, terrorismo político, grupos responsáveis por roubos a bancos, explosões a caixas eletrônicos, sedes e veículos de transporte de valores, novo cangaço, facções criminosas e milícias, *black bloc*, entre outros. (WOLOSZYN, 2013).

Nesse sentido, decorre também o conceito de Segurança Humana, utilizado pela primeira vez em 1994, conforme dispõe as Organizações das Nações Unidas em seu relatório sobre desenvolvimento humano (1994).

Este conceito aponta que a Segurança Humana tem como foco o ser humano e não o Estado ou as entidades políticas, englobando não apenas as seguranças militar e política tradicionais, alargando o alcance e abrangendo também as seguranças social, econômica, comunitária, ambiental, alimentar e de saúde, procurando atender às necessidades das pessoas, livrando-as do medo e estimulando seu desenvolvimento.

Os conflitos atuais, denominados de guerra de quarta geração, guerra híbrida e guerra assimétrica, caracterizam-se pela perda do monopólio da guerra pelos estados para entes não estatais, por exemplo, crime organizado, terrorismo fundamentalista ultrarradical, terrorismo criminoso, terrorismo secular, explosões a caixas eletrônicos, sedes e veículos de transporte de valores, novo cangaço, *prison gangs*, *black bloc*, entre outros (FERNANDES, 2012).

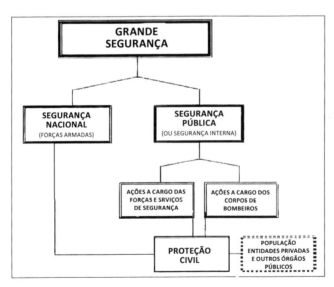

Figura 2 - Concepção da segurança em sentido lato.

Fonte: (CUNHA, 2018)

Ocorre que, durante essa tentativa de efetivar as proteções desses direitos, são gerados incidentes policiais dos mais simples, que requerem a atuação de uma patrulha para pronto restabelecimento da ordem, até os mais graves e complexos, os quais demandam resposta institucional, integrada e coordenada.

SUMÁRIO

CAPÍTULO I

Histórico do gerenciamento de crises no Brasil.......................15

Crises e seu gerenciamento.......................19

Sistema de Comando de Operações e Emergências – (SICOE) 20

Incidente Command System – (ICS)

Sistema de Comando de Incidentes (SCI) 22

Sistemas de Gerenciamento de Incidentes 24

Incidentes e Crises.......................25

Incidentes estáticos e incidentes dinâmicos.......................26

Incidentes críticos e complexos de incidentes 29

CAPÍTULO II

National Incident Management System (NIMS)Sistema Nacional de Gerenciamento de Incidentes (SNGI) 33

Princípios do SNGI (Sistema Nacional de Gerenciamento de Incidentes) 43

Características do SNGI (Sistema Nacional de Gerenciamento de Incidentes) 44

Características de gerenciamento do SNGI 44

Emergency Operation Center (EOC) 53

Multi-Agency Coordination Systems (MACS)

Sistema Coordenado Multiagências (SCMA) 56

Joint Information Systems (JIS)

Sistema Conjunto de Informações (SCI) 56

Multi-Agency Center Groups (MAC Groups) Grupos de Centralização de Multiagências (GCMA)...56

Comando e Controle 57

Comparação entre Gerenciamento de Incidentes e Gerenciamento de Crises 59

O ICS e o SICOE 61

Análise da terminologia comum...63

Respostas coordenadas aos incidentes 64

CAPÍTULO III

Momento do caos 71

O Comandante do EOC/COPOM e do ICS/SICOE.............................78

Princípios para vencer o momento caótico......................................80

Treinamento no momento do caos 84

CAPÍTULO IV

O Atirador Ativo...89

Definições e características de um atirador ativo..............................90

As motivações e o perfil do atirador ativo 93

Transtornos mentais...95

O *Bullying* *97*

Relatórios sobre casos de atiradores ativos nos Estados Unidos 100

Quais lugares podem ser atacados por atiradores ativos e como eles agem..103

Estabelecimentos de ensino (creches, escolas e universidades).........104

Shopping centers, lojas, mercados, feiras e cinemas 117

Restaurantes, lanchonetes e bares...122

Templos religiosos 124

Boates, shows e eventos 127

Locais públicos ou turísticos..133

Meios de transporte...135

Residências...136

No trabalho 137

Casos de atirador ativo no Brasil 139

Estabelecimentos de Ensino..139

Cinema e Shopping Center...148

Igreja...150

Local de trabalho 151

Na residência..152

Observações sobre casos de atirador ativo no Brasil 152

Atentados terroristas no Brasil..158

Ameaça a membros do Supremo Tribunal Federal Brasileiro 160

Como se preparar para um caso de atirador ativo 161

Medidas preventivas 161

Medidas reativas 165

Administração de locais com risco de sofrerem ataques de atirador ativo 170

Forças de Segurança...171

Medidas pós-evento 176

Conclusão 178

Referências 183

APÊNDICE 1 191

Glossário...191

Brevê de Gerenciamento de Crises: 209

CAPÍTULO I

Histórico do gerenciamento de crises no Brasil

Ao consultar registros passados, encontramos muitas situações, principalmente durante a época do regime militar, em que organizações terroristas, no Brasil, promoviam sequestros de aeronaves e diplomatas estrangeiros, ataques a bancos e a quartéis e utilização de artefatos explosivos em vários atentados terroristas com muitas vítimas. Na falta de doutrina e formas de atuação padronizadas, muitas vezes, a resposta das autoridades não era a mais adequada a essas crises.

Em 1972, paralelamente aos eventos do atentado de Munique, na Alemanha, nos quais terroristas árabes mantinham atletas israelenses como reféns durante as Olimpíadas daquele ano, a representação diplomática israelense no Rio de Janeiro recebeu uma carta-bomba 22 dias depois do ocorrido (LUIZ, 2011).

Aquele incidente já demonstrava que o Brasil, longe de estar isolado dos grandes fatos internacionais, precisava se preparar para questões técnicas desse tipo. Só muito tempo depois se começou, de fato, a tratar o gerenciamento de crises de forma profissional.

Na década de 1980, muitos acontecimentos marcaram a PMESP, entre eles está a criação de um grupo com armas e táticas especiais para enfrentar as situações policiais mais críticas.

Assim, em 1987, instituiu-se o Grupo de Ações Táticas Especiais (GATE). Grupo que se tornaria, no futuro, responsável não só por ocorrências de resgate de reféns, indivíduos com propósito suicida em posse de arma branca ou de fogo, ocorrências com artefatos explosivos, entre outras modalidades, como também Órgão Gestor de Conhecimento na disseminação dos conceitos de gerenciamento de crises, notadamente as policiais.

Figura 3 - O Grupo de Ações Táticas Especiais (GATE), da PM do Estado de SP, nos anos de 1990, e seu comandante, Cap PM Mascarenhas (em pé, em destaque, na foto).

Fonte: arquivo pessoal dos autores

Atualmente, a Polícia Militar do Estado de São Paulo se norteia pelo trabalho monográfico do então Capitão Wanderley Mascarenhas de Souza, elaborado no ano de 1995, quando propôs uma Doutrina de Gerenciamento de Crises — trabalho apresentado na conclusão do Curso de Aperfeiçoamento de Oficiais (CAO) I/1995 — focada na negociação e atuação de Grupos Especiais de Polícia na solução de eventos críticos.

Iniciava-se no Brasil a Doutrina de Gerenciamento de Crises, por meio de trabalhos acadêmicos que foram de tamanha importância para a disseminação dela em âmbito nacional, tal como o trabalho apostilado do Delegado de Polícia Federal, Roberto das Chagas Monteiro.

Tais trabalhos, de cunho técnico e acadêmico, trouxeram respostas às ações que deveriam ser desencadeadas em ocorrências envolvendo reféns.

Os fatos da época difundiam conceitos generalistas, ou seja, pretendiam compreender todas as ações policiais complexas da polícia norte-americana. Entretanto, o oficial fez adaptações para abordar os principais conceitos para a atuação do Grupo de Ações Táticas Especiais (GATE), do qual era comandante à época, subunidade do 3º Batalhão de Polícia de Choque – "Batalhão Humaitá", da PMESP, sem, contudo, deixar de aplicar a doutrina generalista nos demais eventos críticos como sequestros, roubo a carros-fortes etc.

Essa doutrina trazida do FBI — a polícia federal americana — pelo pesquisador, em 1995, abordava, principalmente, métodos de gestão de crises com reféns, dentre outros eventos críticos. Diante do sucesso e da grande divulgação de seu trabalho em âmbito nacional e devido à sua adoção e difusão pelo GATE, a aplicação do método, de certa forma, destacou-se sobremaneira como uma doutrina dinâmica no âmbito da gestão de crises, em especial com reféns, pessoas armadas com propósito suicida e crises policiais envolvendo artefatos explosivos. A doutrina de gerenciamento de crises foi disseminada na PMESP por meio de um curso próprio da instituição.

É importante ressaltar também que foi nomeada por parte do Comando do Corpo de Bombeiros (CCB), responsável pelo Corpo de Bombeiros da Polícia Militar do Estado de São Paulo (CBPMESP), uma comissão incumbida de estudar e propor um Sistema de Comando e Operações.

Segundo Lima (1998, p.14), "o Boletim Interno nº 008, do Corpo de Bombeiros, datado de 22 de janeiro de 1996, publicou o sistema criado e denominado de Sistema de Comando e Operações em Emergências", modelo comum baseado no sistema americano de controle de incidentes.

Enquanto no ano de 1999 ocorria o Massacre de Columbine, nos EUA, e que provocou diversas alterações doutrinárias por lá, aqui, no Brasil, naquele mesmo ano, um atirador ativo ingressou no interior de um *shopping* em São Paulo, capital, com uma arma de fogo e, durante uma sessão de cinema, realizou diversos disparos, resultando na morte de três pessoas.

No dia 12 maio de 2006, data que jamais poderá ser esquecida pelas forças policiais do Estado de São Paulo, ocorreram 251 ataques a bases policiais logo no início da noite, além de rebeliões em 73 presídios, Centro de Detenção Provisória (CDP) e nove cadeias públicas na capital, grande São Paulo, interior e litoral do Estado.

O tenente Valmor Saraiva Racorti, na época Chefe de Operações do COPOM, recorda que, infelizmente, nenhuma ordem ou ação do escalão superior foi emanada para a equipe de serviço no COPOM. Naquele momento, se procurou entender o que estava acontecendo, porém, não se agiu de forma a identificar os problemas, antecipá-los e organizar a resposta do Estado.

E, ao final do dia, restou apenas a contabilização dos números do incidente. O resultado desses ataques culminou com o saldo de 17 agentes do estado mortos, 15 feridos e 91 ônibus queimados, todos os atos vinculados à organização criminosa que atua nos presídios de São Paulo.

Em extensa referência, no ano de 2014, o Major PM Scachetti apresentou, em sua tese de Doutorado no Curso Superior de Polícia, o Sistema de Comando e Controle como uma ferramenta eficiente para a aplicabilidade no gerenciamento de crises.

No mesmo ano, o então Capitão Nery exprimiu, em sua monografia de conclusão do Curso Aperfeiçoamento de Oficiais, o sistema dinâmico como emprego para atirador ativo.

No ano seguinte, foi apresentada na mesma instituição de ensino superior, pelo Coronel Luciano Luiz Souza, a tese de doutorado propondo a Difusão e o Emprego do Sistema do Comando de Operações e Emergências (SICOE), na Região Metropolitana de São Paulo, com o intuito de padronizar os procedimentos e a integração das instituições de atendimentos de emergências na região.

Em vista disso, no decorrer dos últimos anos, diversas teses e diversos artigos foram apresentados por oficiais, no Centro de Altos de Estudo de Ensino Superior (CAES), referentes ao tema, propondo atualização dessa doutrina de gerenciamento conforme segue:

- ações e operações táticas especiais, 2017, do Cap Paulo Aguilar, que discorre sobre a aplicação de Sistema de Comando de Incidentes e a atualização da doutrina de gerenciamento de crises;
- capacidade de resposta contra terrorista frente a múltiplos ataques, 2017, que exige um EOC, do Cap Paulo Aguilar, publicado na revista Força Policial, em 2018;
- policial Militar como gestor, centralizador e integrador e tomada de decisão em incidentes, 2018, com a aplicação do NIMS, como emprego do ICS, trabalho monográfico do Cap PM Razuk, publicado em 2018;
- trabalho Gerenciamento de Incidente em Eventos Esportivos, 2019, do Cap Arcanjo, que trata da aplicabilidade do NIMS para a atuação em eventos, propondo protocolos de atuação na PMESP.

Mesmo com essas referências acadêmicas e específicas, diversos incidentes críticos ocorreram. E, infelizmente, não foram aproveitados em estudos de casos para novas propostas de alteração na doutrina de gerenciamento, principalmente quanto aos incidentes dinâmicos.

Após a publicação da Diretriz nº PM3-001/02/13, houve uma pequena evolução em determinados conceitos do gerenciamento de crises graças a novas terminologias e conceituações dispostas naquele documento, contribuição de vários oficiais, entre eles o Cap PM Décio José Aguiar Leão, ex-oficial do GATE.

Por outro lado, o Comando do Corpo de Bombeiros (CCB) obteve sucesso, se encontrando na vanguarda, ao utilizar a metodologia SICOE para operações e emergências de qualquer natureza e magnitude sob responsabilidade do Corpo de Bombeiros.

Ocorre que o FBI reconheceu que a doutrina de gerenciamento de crises necessitava ser atualizada para poder responder a alguns eventos como, por exemplo, o incidente policial conhecido como Massacre de Columbine, ocorrido na escola secundária Columbine, na cidade de Littleton, Colorado, EUA, em 20 de abril de 1999, quando dois atiradores ativos entraram na escola e deixaram um rastro de 13 mortos e 21 feridos.

Os agentes de segurança, na ocasião, seguiram os protocolos de um incidente com refém, adotando as medidas iniciais de conter o local, isolar o ponto crítico e estabelecer contato na tentativa de resolução pacífica da ocorrência, enquanto aguardavam a chegada das equipes da **Special Weapons And Tactics (SWAT)**.

Todavia, em retrospectiva, Columbine poderia ser tudo, menos uma ocorrência de reféns. Mas eram assim os protocolos seguidos na ocasião.

Enquanto a polícia realizava a contenção, o isolamento e aguardava do lado de fora a chegada das equipes da SWAT, os dois adolescentes, atiradores ativos, faziam suas vítimas livremente.

Os policiais fizeram o que eram treinados para fazer — conter, isolar e tentar contato com os causadores —, mas, em análises de pós-incidente, a polícia se encontrou em um paradoxo para definir se deveria agir rapidamente ou aguardar apoio, uma vez que, em eventos dinâmicos de atiradores ativos, cada segundo perdido resulta em perda devida.

Crises e seu gerenciamento

No que concerne a crises, a primeira aparição do termo ocorreu no Brasil, em 1995, no trabalho monográfico do então Capitão PM Wanderley Mascarenhas de Souza, um dos fundadores e comandantes do GATE, conceito este trazido da Academia Nacional do FBI, definindo crise como "um evento ou uma situação crucial, que exige uma resposta especial da polícia, a fim de assegurar uma solução aceitável" (SOUZA, 1995).

Era a primeira vez que o Estado de São Paulo se debruçara sobre um conceito de resolução de eventos críticos e sua definição, lembrando que em momentos anteriores esse conceito foi trazido ao Brasil pelo Departamento de Polícia Federal do Ministério da Justiça (DPF/MJ).

Esse conceito manteve-se vigente até o ano de 2013, quando sofreu alteração pela Diretriz PM3 – 001/02/13, que definiu as ocorrências que exigiam a intervenção do GATE. Assim, a PMESP trouxe um novo conceito para o termo crise, a definindo como "um episódio grave, desgastante, conflituoso, de elevado risco, em que a perturbação da ordem social venha a ameaçar ou a causar danos a indivíduos ou a grupos integrados na coletividade, exigindo, para tanto, atuação célere e racional dos organismos policiais".

Quanto ao termo gerenciamento de crises, este manteve sua base no conceito de crises, logo, para Souza (1995), o gerenciamento de crises "é o processo de identificar, obter e aplicar os recursos necessários à antecipação, prevenção e resolução de uma crise".

A atualização desse termo também ocorreu à PMESP, voltado para as ações policiais, novamente em 2013, no qual o conceito passou a ser ditado como: gerenciamento de crises é o "processo de identificar, obter e aplicar os recursos necessários à antecipação, prevenção e gestão de uma crise. **Os principais fundamentos desse gerenciamento são: preservar vidas e aplicar a lei.**

A principal mudança nesse conceito trata-se da alteração da palavra **resolução** por **gestão,** e a inclusão no conceito dos objetivos do gerenciamento de crises definidos em 1995 (SOUZA, 1995).

A alteração do termo resolução por gestão, novamente, demonstra uma atualização da doutrina, pois há o entendimento de que não basta buscar resolver o problema que se apresenta à crise, mas buscar todo um sistema de gestão, logo, administrar da melhor maneira e com a maior eficiência possível, não apenas sendo eficaz.

Acrescentar os objetivos diretamente no conceito de gerenciamento deixa clara a visão do que se busca e aonde se almeja chegar, permitindo que em um único conceito entenda-se toda a filosofia até então empregada.

Sistema de Comando de Operações e Emergências – (SICOE)

O SICOE foi instituído em 1995 pelo Corpo de Bombeiros da Polícia Militar do Estado de São Paulo (CBPMESP), sendo inspirado no Incident Command System (ICS). Este, por sua vez, desenvolvido pelos Bombeiros da

Califórnia, nos Estados Unidos da América (EUA) (PMESP, 2014).

Conforme definido pela Diretriz nº CCB – 004/931/14 –, o Sistema de Comando de Operações e Emergências — SICOE — trata-se de uma "doutrina pela qual todo e qualquer atendimento emergencial do Corpo de Bombeiros deve ser gerenciado por qualquer nível de comando, facilitando o entrosamento e o apoio operacional entre as equipes emergenciais dos Estados da federação" (PMESP, 2014).

Figura 4 - Parte muito importante do Sistema de Comando de Operações e Emergências (SICOE) do Corpo de Bombeiros da Polícia Militar do Estado de São Paulo. É o seu centro de comando e controle móvel.

Fonte: Corpo de Bombeiros da PMESP

O conceito acima disposto deixa claro que o SICOE deve ser aplicado ao atendimento emergencial do Corpo de Bombeiros e trabalhará pelo entrosamento e o apoio operacional entre as equipes emergenciais dos Estados da federação (PMESP, 2014). Não fosse a frase inicial, poderia ser estendido para todas as ações da PMESP, tendo como princípio que as equipes territoriais de patrulhamento podem ser consideradas equipes emergenciais; contudo, graças ao início, perde-se, em tese, tal atribuição.

Mesmo não sendo utilizado para as ocorrências policiais de forma expressa, os princípios, conceitos e as terminologias trazidos pelo SICOE ao Estado de São Paulo devem ser analisados de forma mais ampla, demonstrando uma evolução nos termos e um alinhamento com as melhores práticas de gerenciamento de eventos críticos ou complexos com o restante do mundo.

Os conceitos e as terminologias foram publicados como anexos à Diretriz, que definiu e atualizou o SICOE no CBPMESP. Dentre os termos mais importantes publicados está o termo incidente que, embora não conceituado pelo SICOE em seu glossário, encontra correspondência ao termo emergência, este, sim, lá definido como: "[...] qualquer incidente, seja natural ou de causas humanas, que exige uma ação de resposta para proteger a vida ou propriedade" (PMESP, 2014).

A relação pode ser observada quando se analisa o termo incidente, publicado pelo glossário americano, o qual trata como incidente "uma ocorrência, natural ou de causas humanas que necessita de uma resposta para proteger a vida ou propriedade. [...] Inclui eventos planejados bem como emergências e/ou desastres de todos os tipos e tamanhos" (FEMA, 2017). (tradução nossa)

Nesse conceito de incidente, o que se torna digno de nota refere-se ao fato de que não há uma limitação à sua utilização, vestindo tanto as ações de emergência, próprias do CBPMESP, quanto as ações policiais próprias das equipes de patrulhamento e outras equipes da PMESP.

Assim, através do SICOE, temos a introdução do termo incidente na PMESP, ainda voltada para as questões de salvamentos e emergências; contudo, de extrema valia para o conhecimento futuro.

Incidente Command System – (ICS)
Sistema de Comando de Incidentes (SCI)

O ICS que se conhece hoje foi desenvolvido nos Estados Unidos após uma série de incêndios florestais, na década de 1970, chamado inicialmente Firefighting Resources of Southern California Organized for Potential Emergencies (FIRESCOPE). Sua origem guarda relação direta com as atuações de bombeiros e socorristas e, por isso, verifica-se que tanto nos Estados Unidos quanto no Brasil as forças policiais demoraram a utilizar esses sistemas. E, no Brasil, os Bombeiros Militares se encontram em níveis mais avançados de ICS.

O ICS teve início nos Estados Unidos, em 1970, em razão de grandes incêndios florestais, sendo criado um sitema denominado Firefighting Resourses of Southern California Organized for Potential Emergencies (FIRESCOPE). Mas foi só em 1984 que se iniciaram estudos para a aplicação do ICS em diversos tipos de incidentes policiais, independente das causas, do tamanho, da complexidade e da localização, sendo um dos primeiros a empregar esta metodologia o San Bernardino County Sheriff's Departament, na Califórnia (AGUILAR, 2017). Pode-se dizer que houve quatro grandes fases para o ICS, sendo que a última incorporou o ICS a uma estrutura ainda maior, tornando-o não mais um sistema independente, mas uma ferramenta dentro de um sistema-mãe.

Historicamente, podemos colocar como marcos do ICS, conforme demonstrado pela Secretária Nacional de Segurança Pública do Ministério da Justiça (SENASP/MJ) (2009), os anos de:

- 1970 – incêndios na Califórnia e necessidade de implantação de um sistema que agregasse múltiplas agências, governamentais ou não;
- 1973 – primeira versão escrita e padronizada do ICS;
- 1980 – utilização e segunda versão ICS;
- 2003 – publicação do HSPD5 — Homeland Security Presidential Directive nº 5 —, que transforma o ICS em uma ferramenta para uso em um sistema maior.

Como definição, o ICS é uma abordagem padronizada para o comando, controle e a coordenação do gerenciamento de incidentes no local, fornecendo uma hierarquia padronizada, dentro da qual o pessoal de várias organizações pode ser mais eficaz. O ICS se constitui de uma estrutura organizacional para o gerenciamento de incidentes, que integra e coordena uma combinação de procedimentos, pessoal, equipamento, instalações e comunicações (NIMS, 2018).

O ICS permite que diversas agências trabalhem juntas de uma maneira coordenada e eficaz, admitindo a participação de todos os níveis governamentais e também do terceiro setor (NIMS, 2018). O ICS atua em uma camada local, incidental, diretamente no ponto do **incidente**.

Para sua atuação e implantação, o ICS se estrutura em cinco áreas funcionais principais, a saber:

- comando;
- operações;
- planejamento;
- logística; e
- finanças/administração.

Podendo ainda existir uma sexta área funcional, caso haja a necessidade de uso desse recurso: a área de inteligência/investigações (NIMS, 2018).

Forças militares costumam ser organizadas desta maneira, em departamentos, para assessorar um comandante nas questões administrativas. Essa divisão, no meio militar, se chama estado-maior e remonta à época das guerras napoleônicas, empregada pelos franceses e prussianos.

Segue a representação de tais áreas:

Figura 5 - Estrutura ICS – áreas funcionais principais.

Fonte: autores

Sistemas de Gerenciamento de Incidentes

Buscando a atualização da ciência policial e o que existe de mais moderno no mundo, neste tópico será abordado o sistema conhecido como gerenciamento de incidentes norte-americano, definindo alguns termos já apresentados, como o próprio termo **incidente**, e introduzindo outros termos relativamente novos à realidade nacional.

Tais termos são considerados relativamente novos e não inovações, pois já são conhecidos por parte dos pesquisadores policiais há algum tempo, mas, ao contrário do que se entende como gerenciamento de crises, ainda não é de conhecimento comum, carecendo de divulgação.

O então Tenente Coronel Mascarenhas, em sua tese de doutorado, defendida no CSP/2002, preocupado com a atualização e a adequação de termos utilizados no seu trabalho de mestrado, defendido em 1995, no qual o foco era a crise, empregou cento e trinta e três vezes a nova terminologia **incidente** (SOUZA, 2002).

No que concerne à sua gestão, a mudança principal será na responsabilidade de ação, entretanto, mesmo considerando que, de fato, a prevenção permanecerá com o Estado por uma questão legal no dever de agir, Organizações Não Governamentais (ONGs) e até mesmo o setor privado terão participação direta dentro do novo sistema.

Uma vez que as suas fases não se resumem ao enfrentamento da crise, mas, principalmente, às etapas de prevenção, preparação, mitigação, resposta e, finalmente, recuperação do evento, ou, como será chamado a partir deste capítulo, incidente.

Alguns termos serão explorados para que se tenha plena consciência sobre as similaridades e diferenças nos sistemas propostos e já existentes. Tal como o termo **Comando e Controle** (C2), que já é familiar ao CBMESP e mesmo nos demais corpos de bombeiros nacionais, mas pouco explorado na Ciência Policial.

Incidentes e Crises

Incidente é "uma ocorrência natural ou de causas humanas que necessita de uma resposta para proteger a vida ou propriedade" (FEMA, 2017).

O incidente inclui qualquer evento que denote possibilidade de perigo de lesão à vida ou ao patrimônio, mesmo em evento programado ou qualquer tipo de desastre (FEMA, 2017).

Portanto, crise é um incidente de gravidade diferenciada e impactante, com uma mudança abrupta no cenário. Toda crise é um incidente, mas nem todo incidente é uma crise.

Figura 6 - Representação gráfica de incidente e crise

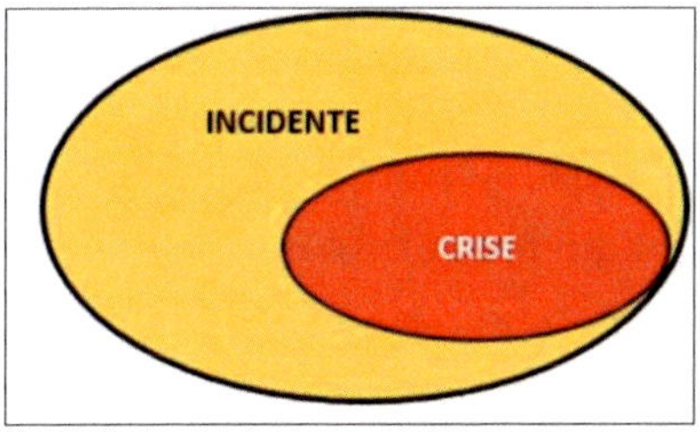

Fonte: (SILVA, 2019)

Conforme declarado por Silva (2019), nem todo incidente será uma crise, pois o incidente pode tratar-se de ações ou eventos menores, que, se devidamente cuidados e observados, não culminarão em uma crise.

Na mesma seara, percebe-se que uma série de incidentes não tratados irá gerar a crise, uma quebra da normalidade de forma abrupta, e, em seu âmbito, será um incidente mais gravoso, como um incidente complexo, crítico ou grave.

A assertiva acima pode ser observada e entendida de várias maneiras, desde uma ação de emergência ou defesa civil, como, por exemplo, uma época chuvosa ou com chuvas que não cessam, mesmo que fora de época, será considerada um incidente.

Ainda na mesma análise, uma pequena parte de uma encosta que cede devido às ações da chuva será outro incidente. Por fim, se tais incidentes não forem observados e tratados, poderão gerar um terceiro incidente, como a queda de casas e casebres em áreas de risco, e, nesse caso, uma crise instaurada.

Na seara policial, um exemplo que pode ser utilizado foi a ocorrência do dia 27 de fevereiro de 2017, no bairro Heliópolis/SP, na qual uma equipe de radiopatrulha desembarcou da viatura e, após tomar certa distância, um indivíduo entrou no veículo oficial e empreendeu fuga com ele, causando um primeiro incidente.

A equipe então noticiou a tomada da viatura como um roubo, perpetrado por diversos indivíduos armados, criando, assim, um segundo incidente.

Diante dessa notícia, diversas unidades territoriais deslocaram-se para o atendimento dessa ocorrência, gerando uma ação de cerco e acompanhamento do veículo oficial, que se estendeu pela Rodovia dos Bandeirantes até o município de Itupeva, momento em que houve o acidente com a viatura e como resultado a morte do condutor (responsável pelo furto), provocando o terceiro incidente e instaurando uma crise, que poderia ter sido evitada.

Em ambos os casos, se as ações necessárias e corretas tivessem sido tomadas durante os primeiros incidentes, o resultado danoso final poderia ter sido evitado, ou, caso não fosse possível sua resolução, a gestão correta do incidente preservaria os recursos e minimizaria os efeitos da crise.

Nos exemplos citados, no primeiro caso, de defesa civil, poderia ocorrer a retirada das famílias e, no caso policial, a correta comunicação dos fatos e um cerco organizado, otimizando os meios adequados para prender o infrator, poderiam evitar a perda de vidas.

Tal prevenção e antecipação, ainda nos incidentes iniciais, permitirão uma melhor gestão do incidente crítico, evitando o uso de recursos de forma desnecessária ou desmedida e controlando os impactos negativos decorrentes das ações que deverão ser tomadas.

Incidentes estáticos e incidentes dinâmicos

A distinção entre os incidentes policiais estáticos e os dinâmicos pode ter sua origem considerada após o incidente Columbine, o qual trouxe significativas mudanças nas TTP (Táticas, Técnicas e Procedimentos) adotadas pelas polícias norte-americanas.

Por definição, podemos tratar incidentes policiais estáticos como eventos que se limitam a um espaço geográfico determinado que, por sua natureza, permitem a adoção das medidas iniciais de contenção e isolamento pela primeira força policial interventora, permitindo o acionamento das unidades especializadas sem que haja a necessidade de implementação imediata de uma alternativa tática para sua solução.

Esses são os incidentes em que o GATE, da PMESP, tem atuado desde 1995 na figura de Órgão Gestor do Conhecimento (OGC) e também operando como time tático, sendo reconhecido em todos os Estados da federação como referência e chamado para ministrar aulas e palestras nos mais diversos órgãos.

A doutrina de incidentes estáticos conhecida, principalmente, como ocorrências envolvendo reféns, artefatos explosivos e suicidas armados, é divulgada em todas as esferas de conhecimento da PMESP, desde a formação do soldado até a especialização dos oficiais superiores, passando por Cursos de Especialização Profissional (CEP) e Estágios de Aperfeiçoamento Profissional (EAP).

Já os incidentes policiais dinâmicos são aqueles eventos cujos impactos não se limitam a um espaço geográfico determinado em razão da sua natureza. Os atores envolvidos encontram-se em movimento, tornando difícil a adoção das medidas iniciais de contenção e isolamento, exigindo uma resposta imediata da primeira força policial interventora, a fim de alcançar a cessação dos seus efeitos e, posteriormente, o acionamento das demais ações do Estado e de outras organizações.

Como principais exemplos de incidentes dinâmicos da atualidade temos os casos de **Atirador Ativo** (AA) e de **Múltiplos Ataques Coordenados** (MAC) que, pelo grau de risco, complexidade, mobilidade, ameaça à vida e compressão de tempo exigem respostas iniciais imediatas, geralmente de unidades policiais comuns, sem equipamento ou treinamento especializado, como as de policiamento territorial ou até mesmo de policiamento escolar ou de trânsito.

Nos dois casos citados, AA e MAC, a **motivação** para quem está cometendo a ação pode variar, seja uma vingança por ter sofrido *bullying* na escola, ou por ter sido despedido, ou passional, ao ser traído, ou um surto psicótico ou até mesmo um atentado terrorista por motivos políticos, étnicos ou religiosos. Mas o **objetivo** geralmente é o mesmo: **matar ou ferir** o maior número possível de pessoas.

Por isso, o atirador ativo geralmente atua em locais com grande concentração de pessoas, como escolas, universidades, igrejas, parques, *shows* ou eventos do tipo, pois quer causar o maior número de vítimas que puder. E, geralmente, utiliza armas de fogo, mas pode também usar outras armas, como facas ou machados, ou empregar explosivos, fogo ou agentes químicos letais e até mesmo utilizar veículos para atropelar pessoas.

Ao passo que na situação de atirador ativo um ou mais homicidas agem em um local específico, na situação de múltiplos ataques coordenados, grupos de homicidas atacam, geralmente, ao mesmo tempo, em locais diferentes, para criar o máximo de impacto e confusão possíveis.

As prioridades das forças de segurança mudam nesses casos dinâmicos. Antes de cercar, isolar ou socorrer as pessoas, os primeiros agentes da lei que chegam ao local devem localizar e neutralizar o atirador ativo, pois, se ele não for contido, continuará matando.

No incidente dinâmico, é necessária u ma ação rápida e imediata, pois o desdobramento atrasado poderia gerar a morte ou lesões graves a pessoas inocentes (AGUILAR, 2017).

O incidente dinâmico pode se modificar para um incidente estático e o inverso também pode ocorrer. Diante disso, todo o sistema responsivo deve conhecer as providências e os protocolos de ação, atuando de forma célere e aproveitando da melhor forma possível os recursos disponíveis.

Na questão dos incidentes policiais, percebem-se as seguintes possibilidades, depois divididas em espécies:
- incidente estático;
- incidentes estáticos múltiplos, ou seja, ocorrendo em vários locais concomitantemente;
- incidentes dinâmicos;
- incidentes dinâmicos múltiplos, portanto, ocorrendo em vários locais concomitantemente;
- incidente estático que evolui para incidente dinâmico;
- incidente dinâmico que evolui para incidente estático; e
- combinação de incidentes estáticos e dinâmicos.

Conforme observado nos itens descritos anteriormente, os incidentes estáticos e dinâmicos podem ocorrer ao mesmo tempo e em diferentes locais, exigindo alta capacidade responsiva da polícia, sobretudo no processo de tomada de decisão e no emprego de recursos humanos e materiais.

Entretanto, no Brasil, não há uma metodologia adequada e eficiente para abordar os incidentes dinâmicos que possibilite uma resposta integrada por meio de um comando unificado, capaz de mobilizar os ativos operacionais do Estado com ultravelocidade, principalmente em seus estágios iniciais de caos, que permita o efeito sinergético desejado para mitigar perdas de vidas, estabilizar o incidente e evitar danos.

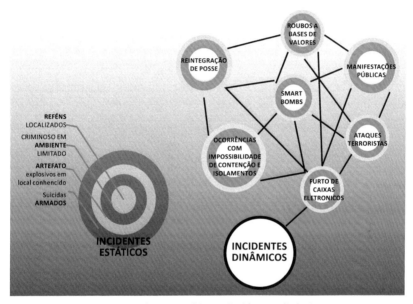

Figura 7 - Incidentes estáticos x incidentes dinâmicos

Fonte: os autores

Incidentes críticos e complexos de incidentes

Uma ampla gama de incidentes ou operações tem a capacidade de se tornar um **incidente crítico**, incluindo comportamento antissocial ou crime de ódio, eventos planejados ou incidentes internos.

Um incidente crítico é definido como: qualquer incidente em que a eficácia da resposta policial possa ter um impacto significativo na confiança da vítima, de sua família e/ou da comunidade.

Um incidente crítico é qualquer incidente que coloque vidas em risco, cause danos graves ao patrimônio ou ao meio ambiente, cause impacto significativo na confiança da sociedade e, por conseguinte, na sensação de segurança, exigindo uma resposta célere de diversos órgãos e diversas instituições com emprego conjugado de meios e gestão estratégica para sua resolução.

Os incidentes críticos podem ser estáticos ou dinâmicos. O que decidirá se é um incidente comum ou um incidente crítico será o bem tutelado e a gravidade com que será atingido.

A complexidade do incidente pode ser observada de acordo com a combinação de fatores que será necessária para seu controle, sendo esses fatores determinantes à área envolvida, ao grau de ameaça à vida ou ao patrimônio, à sensibilidade política, à complexidade de organização, aos limites de circunscrição, às estratégias e táticas necessárias para seu confronto e às políticas da agência envolvida, não sendo um rol taxativo, podendo ser alterado de acordo com as características do local ou Estado (NIMS, 2017).

Na intenção de demonstrar ou facilitar a identificação de incidentes críticos, segue um rol não taxativo dessa espécie:

- risco de morte de qualquer pessoa e/ou ferimentos graves a qualquer pessoa;
- atirador ou homicida ativo;
- suicídios, tanto em sua tentativa ou ameaça;
- manifestações públicas, legais ou ilegais;
- grandes incêndios; danos patrimoniais;
- policial militar em perigo;
- roubo com tomada de refém;
- sequestro de pessoas;
- rebelião em presídios;
- furto ou roubo a instituições financeiras (banco) ou a empresas de segurança privada, por associação criminosa e com emprego de arma de calibre restrito e/ou com o uso de explosivo ou artefato análogo;
- ameaça ou localização de artefato explosivo;
- atos terroristas;
- múltiplos ataques coordenados;
- sequestro de aeronaves; e
- desastres.

Quando se observa um incidente crítico, este pode tornar-se um ramo ou uma divisão dentro da seção de operações que será utilizada na sua gestão. Esta abordagem oferece potencial para expansão futura, sendo possível definir os principais tipos de incidentes críticos, como acima exemplificado, e sua forma de atuação/gestão imediata, tal como atualmente ocorre com o gerenciamento de incidentes envolvendo reféns ou explosivos, organizados pelo GATE da MESP.

Um incidente crítico pode ser mencionado como incidente grave ou complexo, mas não deve ser confundido com complexos de incidentes, termo que será visto abaixo.

São **complexos de incidentes** "dois ou mais incidentes individuais localizados em uma mesma área geral e atribuídos a um único comandante de incidentes ou comando unificado" (FEMA, 2017).

Quando se apresentar tal situação, o mesmo responsável pela gestão do incidente e os mesmos recursos serão compartilhados entre os incidentes similares ou na mesma área, otimizando-os.

Se houver a falha de gerenciamento de algum dos incidentes dentro de tais complexos, a chance de evoluir para um incidente em larga escala aumenta exponencialmente, gerando uma maior necessidade no ajuste da demanda dos recursos disponíveis para cada incidente, o que exigirá maior disposição dos responsáveis pela sua gestão, bem como dos operadores em solo.

Dessa forma, para evitar o aumento da complexidade de tal incidente, se essa situação se apresentar, o incidente que está se tornando muito complexo deverá ser trabalhado de forma separada, assim, deve ser formada sua própria equipe e organização ICS, não mais admitindo uma única estrutura ICS para o evento complexo de incidentes.

Como exemplo, o gerenciamento de incidentes complexos é utilizado na resposta e no controle de incêndio violento, quando vários focos ocorrem em proximidade um do outro. Quando bem administrado, em suas fases iniciais, um complexo de incidentes pode e deve ser gerenciado por um único comandante de incidente ou por um comando unificado, otimizando os recursos e permitindo uma melhor análise da situação apresentada.

Sendo vantagens e indicadores positivos, em um complexo de incidente, os seguintes apontamentos:

- um único comando e estado-maior podem fornecer adequadamente atividades de operações, planejamento, logística e finanças/administração; e
- uma abordagem de gestão combinada atingirá economia de pessoal e de suporte logístico.

CAPÍTULO II

National Incident Management System (NIMS) Sistema Nacional de Gerenciamento de Incidentes (SNGI)

Após uma série de incidentes ocorridos na década de 1970, como exemplo os incêndios no Estado da Califórnia, os americanos se aprofundaram no estudo sobre a eficiência e eficácia das respostas aos incidentes. Chegaram à conclusão de que os problemas enfrentados eram menos relacionados à falta de recursos e mais ligados à falta de estrutura para gerenciamento dos eventos críticos.

Nesse contexto, foi feito o Incident Command System (ICS), ou seja, um Sistema de Comando de Incidentes que visa a oferecer ferramentas adequadas para atendimento de incidentes em camada local. Posteriormente, pós 11 de setembro de 2001, verificou-se a necessidade de criar uma estrutura de apoio político-estratégico acima das camadas locais que pudesse apoiar os incidentes em terra, gerenciados pelo ICS. De tal necessidade formou-se um conjunto, que incorporou o ICS à sua estrutura, denominado de NIMS.

Retomando, na década de 1970, precisamente em 1979, a ordem executiva número 12.127, do presidente Carter, criou a Federal Emergency Management Agency (FEMA), agregando diversas agências ou diversos órgãos no país, cuja responsabilidade era atuar em ações e desastres naturais (FEMA, 2019). Assim, nasceu a Agência Federal de Gestão de Emergências subordinada ao Departamento de Segurança Interna, na sigla em inglês Homeland Security Department.

O objetivo principal da FEMA é coordenar as respostas a incidentes que ocorram nos Estados Unidos da América (EUA), promovendo a superação de recursos das autoridades locais e do Estado.

Após o advento dessa agência, tornou-se possível que o governador de um Estado colapsado declare estado de emergência e faça uma solicitação ao governo federal para resposta adequada ao incidente. Essa ferramenta fornece ainda material humano — diversos profissionais capacitados em diferentes especialidades — e fundos para reconstrução e recuperação de infraestrutura.

A evolução histórica desse gerenciamento de incidentes, tanto em âmbito norte-americano como mundial, remonta ao ano de 1965, quando houve uma série de protestos populares em Los Angeles, nos Estados Unidos, que resultaram em diversos policiais e cidadãos feridos, inclusive com disparos reais.

O resultado negativo foi atribuído, após apuração por uma comissão de inquérito, à inexistência de TTP específicas para a resolução de ocorrências graves e incidentes críticos.

Outro evento emblemático, que apontou ao mundo a necessidade do preparo diferenciado de tropas policiais para lidar com ocorrências de vulto, foram os atentados terroristas praticados em 1972, durante as Olimpíadas de Munique, na Alemanha, quando governos de inúmeros países se deram conta de que suas polícias não estavam preparadas para enfrentar essas situações (OLIVEIRA, ZOUAIN, *et al.*, 2009, p.90).

Em resposta, foram criados diversos grupos ou forças especiais para intervir em ocorrências graves e incidentes críticos. Alguns desses grupos são muito famosos e até lendários como: SWAT's, das polícias de Los Angeles e de Miami, e o Hostage Rescue Team (HRT), do Federal Bureau of Investigation (FBI).

No início da década de 1990, o Departamento Federal de Investigação, conhecido internacionalmente como FBI, disseminou uma doutrina de gerenciamento de crises. Nos documentos produzidos pelo departamento a realidade policial foi arduamente explorada, explicando minúcias sobre providências a serem adotadas no cenário da ocorrência.

Ressalta-se que, majoritariamente, os estudos de gerenciamento de crises apontavam a atividade policial no seguinte sentido: "chegue ao local, realize a contenção, realize o isolamento e aguarde apoio especializado". Tais abordagens eram eficientes e eficazes às crises, como tomada de reféns e marginais embarricados, cenários comuns à época.

As providências adotadas baseavam-se em não permitir que a crise se alastrasse, por meio da **contenção e do isolamento**. Além disso, contavam com operadores técnicos que compunham um conjunto de alternativas táticas: negociação, técnicas não letais, tiro de comprometimento e invasão tática.

O **cerco de Waco** começou em 28 de fevereiro de 1993, sendo, aparentemente, um cumprimento demandado de busca em uma propriedade localizada em Waco, Texas. Esse local era conhecido como Monte Carmelo e abrigava dezenas de seguidores do Ramo Davidiano — espécie de seita religiosa em que pessoas seguiam o líder David Koresh —, incluindo homens, mulheres, grávidas e crianças.

A força policial iniciou o cerco sem contar que existiam naquela propriedade fortificações, casa-mata, máscaras contra gases e muitas armas. Por isso, o cerco durou 51 dias.

A ação começou quando o FBI optou pelo uso de gás lacrimogêneo no local, a fim de forçar a saída das pessoas, mas um incêndio se iniciou, destruindo a propriedade e culminando na morte de 75 pessoas, sendo 50 adultos e 25 crianças.

Outro incidente, o atentado de Oklahoma City (1995), reforçou a necessidade de organização e estruturação acima do gerenciamento de crises estáticas. Contudo, o momento disruptivo do antigo modelo de gerenciamento de crises ocorreu em abril de 1999, na Columbine High School, conhecido como o **Massacre de Columbine**, em que dois jovens (Eric e Dylan) planejaram e atacaram a Columbine High School com artefatos explosivos e disparos de arma de fogo no dia 20 de abril de 1999.

O ataque teve início às 11h19min e, por volta das 11h22min, o oficial de segurança designado para Columbine foi alertado sobre um incidente no interior da escola.

Como quase todo o início de crise, as informações eram conflitantes, desencontradas e causaram dúvidas no agente de segurança, que somente teve clareza de que se tratava de atiradores por volta das 11h24min, quando trocou tiros com os causadores. Infelizmente, nesse momento, dois estudantes já tinham sido mortos e 10 foram feridos. O agente de segurança pediu reforço via rede-rádio. Dois agentes de segurança que estavam aplicando multa de trânsito receberam o chamado de socorro e se dirigiram à escola, onde novamente houve troca de tiros.

Por volta das 11h29min, as autoridades já tinham conhecimento da situação e estavam em contato telefônico com vítimas no interior do prédio. Do lado externo, as forças de segurança, ao mesmo tempo que evacuavam estudantes e professores, trocavam tiros com os causadores localizados na biblioteca. E a maior parte das vítimas morreu na biblioteca, sendo que o último estudante foi atacado e morto às 11h35min.

Os infratores saíram da biblioteca, transitaram por diversos locais, explodiram bombas, ameaçaram alunos e voltaram à biblioteca, onde atiraram novamente contra os policiais às 12h02min.

Diante dos acontecimentos, as equipes policiais locais cumpriram os protocolos preestabelecidos na época e se concentraram em cercar, isolar e acionar apoio especializado para a resolução do incidente, como se fosse uma ocorrência com reféns.

Em uma retrospectiva analítica, Columbine poderia ser tudo, exceto um incidente crítico com reféns, pois, enquanto os policiais aguardavam do lado de fora do prédio, os atiradores faziam suas vítimas livremente. E, às 12h08min, os dois causadores cometeram suicídio.

Cabe ressaltar que as equipes policiais especializadas, especificamente a SWAT, foram acionadas e chegaram ao local por volta do meio-dia, ou seja, aproximadamente 40 minutos após o início do ataque. As equipes adentraram a escola às 13h09min, fazendo a varredura de todo o prédio, socorrendo os feridos encontrados e localizando os dois infratores já em óbito.

Os números totais do massacre são 15 mortos (incluindo os causadores) e 24 feridos. Nesse caso emblemático, as famílias dos alunos e dos funcionários da escola foram chamadas para que se reunissem e aguardassem informações de maneira organizada.

Os prejuízos foram imensuráveis, não só com relação ao custo da operação e do patrimônio devastado, mas pela sensação de insegurança criada e a dificuldade de recuperação da sociedade abalada e, principalmente, pelas vidas ceifadas.

Como resultado, a doutrina de gerenciamento de incidentes passou a redesenhar seu modelo intervenção, passando a utilizar o conceito de ação imediata e rápido emprego, ou, como determinado em inglês: Immediate Action – Rapid Deployment - IARD (AGUILAR, 2017, p. 5).

Assim, o incidente de Columbine, em 1999, provocou mudanças significativas na mentalidade das forças policiais, mas ainda assim foi um evento pontual em área delimitada. Diferente do que ocorreu no ano de 2001, um dos fatos mais significativos da história moderna, que abalou o mundo, ou seja, mudou a forma de ação e as questões políticas e de segurança em todos os países devido a um ataque múltiplo e coordenado por terroristas suicidas que se utilizaram de aeronaves sequestradas e atacaram os EUA, conhecido como o **ataque às Torres Gêmeas**, ou simplesmente **9/11**.

O ataque terrorista contou com 19 terroristas suicidas que sequestraram quatro aviões comerciais e os utilizaram como veículos bombas, ocasionando duas colisões: as torres do World Trade Center — alvo simbólico, com grande valor estratégico, representando o poder econômico norte-americano.

Os impactos resultaram no desabamento das duas torres. Um terceiro avião colidiu contra as instalações do Pentágono, sede do Departamento de

Defesa dos Estados Unidos da América — alvo simbólico, com grande valor estratégico, representando o poder bélico norte-americano. E, por fim, houve a queda, após intervenção dos próprios passageiros no quarto avião, na região de Shanksville, cujo objetivo era atacar a capital norte-americana.

Nessa sequência de eventos, participaram diversas agências, pois havia possibilidade de novos ataques. Ao todo, foram quase 3.000 pessoas mortas — incluindo cidadãos de mais de 70 países — e mais de 6.000 feridos.

Com esse cenário caótico fizeram-se necessários a comunicação integrada, o gerenciamento de informações e inteligência, a unidade de esforço. A mesma demanda de elementos diagnosticados como necessários nos incidentes ocorridos em São Paulo.

Figura 8 - Foto do monumento em homenagem ao 11 SET 01, localizado nos jardins da Academia Nacional de Polícia do FBI, em Quântico,Virgínia.

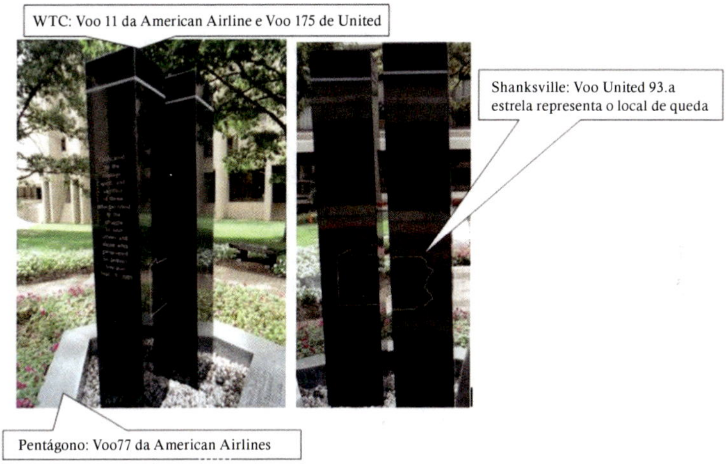

Fonte: foto adaptada pelos autores

Nesse incidente, o pesadelo dos principais gestores públicos se tornou realidade, o evento contava com quase todos os aspectos negativos que um incidente pode trazer. Por esse motivo, as dificuldades em gerenciar o atentado foram apresentadas em âmbito nacional e, em 2003, foi editado a Homeland Security Presidential Directive 5 (HSPD-5), cujo propósito principal foi criar um sistema de gerenciamento de incidentes que abrangesse toda a nação, ampliando as atribuições da Secretary of Homeland Security, que, através do NIMS, passou a normatizar todo o ciclo de gerenciamento de incidentes nos Estados Unidos, não importando seu tipo (AGUILAR, 2017).

No ano de 2003, portanto, nasceu a ideia do NIMS, com a intenção de estruturar o gerenciamento de incidentes nos Estados Unidos em âmbito federal, estadual ou municipal.

Assim, podemos conceituar o NIMS como um sistema de gerenciamento de incidentes em nível nacional que orienta todos os níveis de governo, ONGs e setor privado a trabalharem em conjunto para prevenir, proteger, mitigar, responder e se recuperar de incidentes, ofertando aos participantes o vocabulário comum, os sistemas e processos compartilhados para obtenção dos recursos necessários para a correta atuação (FEMA, 2017).

Este Sistema Nacional de Gerenciamento de Incidentes é justamente o conjunto de princípios, métodos e estratégias que podem ser utilizados por comandantes de incidentes locais, estaduais, federais, bem como pelo setor privado e ONGs.

NIMS é um acrônimo iniciado pela palavra *National*, ou seja, um sistema que abrange todo o território estadunidense e justamente por isso busca oferecer um ambiente apto para que várias organizações de gerenciamento de incidentes e de apoio possam trabalhar conjuntamente.

Para viabilizar a participação do máximo de atores possíveis e evitar desperdícios de tempo e recursos, o sistema respeita o princípio da terminologia comum, orientando todos os níveis de governo, organizações não governamentais (ONGs) e o setor privado a trabalharem juntos, para prevenir, mitigar, responder, recuperar e proteger contra incidentes.

O NIMS, pardronizando procedimentos e terminologias, define sistemas operacionais, incluindo o Sistema de Comando de Incidentes (ICS), as estruturas do Centro de Operações de Emergência (EOC) e os Grupos de Coordenação Multiagências (Grupos MAC), facilitando o trabalho em conjunto em praticamente todo tipo de incidente (FEMA, 2017).

O primeiro aspecto a ser abrangido é o **princípio da padronização** que promove a interoperacionalidade de estruturas e de procedimentos, a fim de que os recursos humanos envolvidos no incidente trabalhem em conjunto, proporcionando a coesão dos vários órgãos, inclui também a característica de utilizar **terminologia comum**, possibilitando uma comunicação eficaz.

Em 2005, os EUA sofreram as consequências de uma tempestade tropical que causou um grande furacão conhecido como **Furacão Katrina**. Esse incidente — desta vez natural — ocorreu quando o NIMS já estava estabelecido (2004), mas o incidente trouxe números assombrosos: 1.833 mortes e cerca de 40 bilhões de dólares em danos diretos (HERMAN, 2006) e 120 bilhões de dólares em custos totais (CNN, 2019).

Por conta desses eventos, os EUA reconheceram que a maior parte da gestão de emergências é em nível local e estadual. Todavia, a padronização de estruturas e terminologia cria melhor resposta e preparação para incidentes em todo o país.

É possível observar que a alocação de recursos e a busca pela eficiência e cooperação interagências iniciaram-se em 2004, após eventos narrados, em que a falta de coordenação e de autoridades sólidas provocaram nítidos prejuízos (em diversas esferas da sociedade).

Contudo, o trabalho não é e nem pretende ser atemporal, por isso mesmo alguns eventos mostraram falhas do NIMS, e o documento publicado em 2004 foi revisado em 2008, e sua última versão é de outubro de 2017.

Em linhas gerais, esses eventos ocorridos nos EUA determinaram uma atualização da doutrina conhecida nacionalmente como NIMS. Assim, alargando o conceito de crises para o mais amplo aspecto preventivo e deixando de ser uma resposta especial da polícia (SOUZA, 1995). Na verdade, mostrando que o incidente deve ser enfrentado pelo Estado com apoio de seus entes e da sociedade.

Com a ideia de integração, mais uma vez recorrendo à doutrina da Academia Nacional do FBI para atualizar a realidade contemporânea, "a administração de crise requer um conjunto de medidas para identificar, adquirir e planejar o uso de recursos necessários para prever, prevenir e/ou solucionar uma ameaça ou um incidente específico" (MARIN, 2009).

De acordo com (MARIN, 2009), para o FBI, inúmeros organismos públicos são envolvidos na "administração de consequências", conceituada como o "conjunto de medidas para proteger a saúde e a segurança públicas, restabelecer serviços essenciais e fornecer auxílio de emergência a indivíduos, empresas e governos afetados pelos efeitos do incidente crítico" (MARIN, 2009).

Em outubro de 2017, a FEMA publicou sua 3ª edição do NIMS, suprimindo o termo crise e consolidando o termo incidente em seu glossário, o definindo como uma ocorrência, natural ou provocada pelo homem, que requer uma resposta para proteger a vida ou a propriedade, incluindo eventos planejados ou emergências e desastres de todos os tipos e tamanhos (FEMA, 2017).

Nesse sentido, a doutrina de gerenciamento de incidentes expressa no NIMS 2017 difere da utilizada pela Academia do FBI, na década de 1990, em dois pontos principais: 1) inclui não apenas crises, mas qualquer evento que denote possibilidade de perigo à vida ou ao patrimônio, inclusive eventos planejados como manifestações públicas e eventos esportivos, que são incidentes que, não sendo bem tratados, podem evoluir para uma crise; 2) quanto ao órgão responsável, a polícia não é a única encarregada de dar a resposta ao incidente, que pode variar em tamanho e complexidade, exigindo a participação e responsabilidade de várias outras organizações estatais, ONGs e privadas.

Cabe salientar que incidentes como os ataques em Mumbai (2008) e ataques em Paris (2015) também serviram de estudo de caso para embasar novas posturas dentro da ciência policial.

Desde o nascimento do Sistema, os atores e *stakeholders* envolvidos entendem que todo sistema de proteção e uso de força depende dos fatos, valores e das normas, uma vez que causam impactos diretamente na metodologia e estrutura organizacional do processo decisório. Por esses motivos, o NIMS deve ser atualizado constantemente, segundo o ordenamento jurídico existente, a fim de atender a máxima proteção das pessoas.

O NIMS já passou por adequações e está em sua terceira versão. Da mesma forma, está passível de novas atualizações com base na experiência das pessoas envolvidas em um incidente.

O que não deve mudar é o objetivo central do Sistema: proteção aos direitos fundamentais em seu maior espectro preventivo, por meio de adequada integração e unidade de esforço entre as diversas agências, com a finalidade de gerenciar incidentes com menor risco e maior eficiência e eficácia possível, garantindo-se objetivos comuns sem supressão da autoridade dos diversos órgãos envolvidos.

Os objetivos sempre serão os mesmos, a supremacia do interesse público e sua indisponibilidade, buscando-se a proteção antes mesmo de serem lesados, por meio de análise de ameaças emergentes e futuras.

Em suma, o NIMS orienta todos os níveis de governo, organizações não governamentais e o setor privado a trabalharem em conjunto para prevenir, proteger, mitigar, responder e se recuperar de incidentes.

O Sistema também expressa certa flexibilidade por entender que os incidentes são mutáveis e cada qual pode ter características singulares. Por esse motivo é aplicável a eventos de diferentes proporções, localizações, complexidades, entre outros fatores.

Trata-se, pois, de uma abordagem sistêmica para gestão de incidentes, com princípios bem definidos e essenciais para que forneça uma imagem operacional comum, interoperabilidade das comunicações e padronização de métodos e estruturas organizacionais, facilitando a coesão entre diferentes circunscrições e organizações e a capacidade de trabalhar em conjunto, presentes nos campos físico, da informação, cognitivo e social (ALBERTS e HAYES, 2005).

Para que os envolvidos tenham capacidade de identificar ameaças emergentes, planejar, responder e recuperar comunidades abaladas, faz-se necessário que todos os segmentos da sociedade sejam treinados sobre a estrutura organizacional e metodológica de comando e coordenação constante do NIMS, com base nas quatro estruturas contidas no conceito de MACS – Multi-Agency Coordination Systems: (1) ICS, (2) Emergency Operation Center (EOC), (3) Grupos Multi-Agency Center (MAC) (Assessoramento político) e (4) Joint Information Systems (JIS) – Centros Conjunto de Informações (FEMA, 2019).

Figura 9 - Figura esquemática do que é NIMS e do que não é NIMS

NIMS é	NIMS não é
• Uma abordagem abrangente, em todo o país, sistemática para o gerenciamento de incidentes, incluindo o comando e coordenação de incidentes, gerenciamento de recursos e gerenciamento de informações	• Somente o ICS • Aplicável somente a certos respondedores de emergência • Um plano de resposta
• Um conjunto de conceitos e princípios para todas as ameaças, perigos e eventos em todas as áreas da missão (Prevenção, Proteção, Mitigação, Resposta, Recuperação	• Um plano de resposta
• Escalável, flexível e adaptável; usado para todos os incidentes, desde o dia-a-dia até a grande escala	• Usado somente durante incidentes em grande escala
• Procedimentos padrão de gerenciamento de recursos que permitem a coordenação entre diferentes jurisdições ou organizações	• Um sistema de pedidos de recursos
• Princípios essenciais paracomunicação e gerenciamento de informações	• Um plano de comunicação

Fonte: (FEMA, 2017) (tradução nossa)

Portanto, o ICS ou o SICOE são apenas ferramentas de atendimento operacional de um incidente no local, enquanto **o NIMS se encontra em uma camada superior, um nível acima do local do incidente, cuidando da gestão política e estratégica de apoio** (AGUILAR, 2017).

Figura 10 - NIMS e camadas incidentais

Fonte: os autores

Conforme explicitado anteriormente, o NIMS define o comando e a coordenação de quatro estruturas. Justamente por isso o NIMS se afigura como documento superior ao ICS.

Embora por algumas vezes se utilize a nomenclatura NIMS/ICS, essa não se afigura como a mais acertada, mas pode ser admitida em um primeiro momento de estudo. **Recomendamos, como padronização no Brasil, a forma em português, Sistema Nacional de Gerenciamento de Incidentes (SNGI) e Sistema de Comando de Incidentes (SCI).**

As prioridades de gerenciamento de incidentes incluem proteger as pessoas, antecipando-se ao que pode ocorrer, mas, sendo inevitável, responder buscando salvar vidas, estabilizar o incidente e proteger propriedades, meio ambiente, informação e demais direitos fundamentais.

Os princípios e as características do SNGI serão apresentados nos temas a seguir, assim como os meios para atingir as prioridades citadas.

Princípios do SNGI (Sistema Nacional de Gerenciamento de Incidentes)

Os princípios são aqueles que darão a base à aplicação do NIMS e de imprescindível observação. Graças aos princípios é que foram possíveis a evolução e a correta aplicação em âmbito nacional de todo o sistema.

Para efeito deste trabalho, todos os princípios seguem o que foi apresentado no NIMS, sendo descritos conforme se apresentam:

- FLEXIBILIDADE: a estrutura organizacional e metodologia do NIMS permite encaixe para todos os tipos de incidentes, dos mais simples aos mais complexos, independente da natureza, a saber:
Flexibilidade: os componentes NIMS são adaptáveis a qualquer situação, desde eventos especiais planejados, incidentes locais de rotina a incidentes envolvendo ajuda mútua interestadual ou assistência federal. Alguns incidentes precisam de coordenação multiagência, multijurisdicional e/ou multidisciplinar. A flexibilidade permite que o NIMS seja escalável e, portanto, aplicável para incidentes que variam amplamente em termos de risco, geografia, demografia, clima, cultura e autoridades organizacionais (FEMA, 2017).

- PADRONIZAÇÃO: a padronização de métodos, estruturas e termos permite a interoperabilidade da força responsiva entre várias agências envolvidas, não havendo perda de tempo em desencontros doutrinários ou terminológicos, quando vidas estão em jogo. Assim:
A padronização é essencial para a interoperabilidade entre organizações múltiplas na resposta a incidentes. O NIMS define estruturas organizacionais padrão que melhoram a integração e conectividade entre jurisdições e organizações. O NIMS define práticas padrão que permitem que o pessoal incidente trabalhe em conjunto de forma eficaz e promova a coesão entre as várias organizações envolvidas. NIMS também inclui terminologia comum, que permite uma comunicação eficaz (FEMA, 2017).

- UNIDADE DE ESFORÇO: descreve a convergência de esforços, a fim de atingir a intenção do comandante do incidente, mensurada a partir dos objetivos e do estado final desejado da missão, ou seja, todos buscam um objetivo comum identificado pelo comandante do que precisa ser feito, coordenando atividades entre várias organizações, que mantêm sua própria autoridade, para alcançar objetivos comuns (FEMA, 2017).

Características do SNGI (Sistema Nacional de Gerenciamento de Incidentes)

Entende-se que as organizações envolvidas no gerenciamento de incidentes variam em suas autoridades, estruturas, capacidade de comunicação, protocolos, procedimentos, entre outros fatores. A ideia central do SNGI é fornecer um quadro comum padronizado para integrar as diversas capacidades envolvidas com o propósito de encontrar objetivos, metas, métricas e indicadores comuns, sendo certo que o NIMS é composto de 14 características para sua aplicação:

Características de gerenciamento do SNGI

As seguintes características são a base do comando e da coordenação de incidentes no âmbito do SNGI e contribuem para a força e eficiência do sistema geral:
- terminologia comum;
- estabelecimento e transferência de comando;
- organização modular;
- comando unificado;
- gerenciamento por objetivos;
- cadeia de comando e unidade de comando;
- planejamento de ação de incidentes;
- responsabilidade;
- alcance de controle manejável;
- despacho /implantação;
- instalações e locais de intervenção;
- gerenciamento integral de recursos;
- comunicações integradas; e
- gerenciamento de informações e inteligência (FEMA, 2017).

As características buscam combinar os recursos, equipamentos, procedimentos, a comunicação e as pessoas envolvidas no cenário organizacional. Desta maneira, ele pode ser utilizado para organizar operações e incidentes críticos, pequenos ou grandes, curtos ou longos, naturais ou provocados por ação humana.

A estruturação do SNGI facilita atividades que muitas vezes parecem divorciadas da ação policial, como: comando, operações, planejamento, logística/finanças e administração. Basta imaginar hoje um incidente crítico como, por exemplo, fuga em massa de presídios no interior de São Paulo. Tem-se a impressão de que as atividades de comando e administração, ou planejamento integrado com logísticas e finanças, estão distantes umas das outras.

O distanciamento supracitado pode ocorrer pela ausência de alguns aspectos que o NIMS/2017 trata como características, as quais são: terminologia comum; estabelecimento e transferência de comando; cadeia de comando e unidade de comando; gestão por objetivos; comunicações integradas; locais de incidente e instalações; gerenciamento abrangente de recursos; gerenciamento de informações e inteligência; alcance de controle gerenciável; organização modular; planejamento de ações de incidentes; responsabilização; despacho/implantação; comando unificado (FEMA, 2017).

Com relação ao estabelecimento e a transferência de comando, e a passagem da responsabilidade de comando de um comandante a outro, cabe analisar o quão bem definidas devem ser as funções em conjunto. Ou será que cada órgão se reportará unicamente às suas esferas de atribuição?

Quando existe a correta transferência de comando, é importante que os gestores façam um *briefing*[13] — que pode ser oral, escrito ou ambos —, capturando as informações essenciais, entendendo, por exemplo, qual a estrutura dos presídios, quais cidades vizinhas, armas utilizadas, rodovias próximas, objetivos estabelecidos, entre outras questões.

A função de comandante de incidente, ou comando unificado, deve ser assumida claramente, logo no início do incidente, sendo estabelecida pela jurisdição ou organização com responsabilidade primária sobre o incidente. No caso de transferência da função de comandante do incidente, deve ser realizada uma reunião imediata para atualização das informações essenciais para a continuação das operações de forma segura e efetiva, sendo que todos os funcionários envolvidos devem ser notificados sobre as mudanças (FEMA, 2017).

Importante que exista uma linha ordenada de autoridade para o gerenciamento de incidentes e que os envolvidos saibam a quem devem se reportar e com quais informações. Essas estratégias se chamam **Cadeia de Comando e Unidade de Comando**, que é a linha de autoridade ordenada nas fileiras da organização de gerenciamento de incidentes (FEMA, 2017).

Dessa maneira, o patrulheiro não precisaria reportar a mesma informação ao comando de grupo patrulha, ao comando de força patrulha e ao serviço de inteligência e informações, ou, ainda, cumprir a determinação de qualquer um destes. Para o patrulheiro, por exemplo, basta reportar ao superior, e os gerentes em todos os níveis devem controlar as ações de todo o seu efetivo.

Até aqui, vê-se que muitas características do NIMS poderão ser mais facilmente aplicadas com o estabelecimento de um posto de comando. Assim sendo, neste local, serão desenvolvidos as estratégias, os objetivos, a emissão de tarefas, os planos, procedimentos e protocolos.

O posto de comando não deve ser entendido como um único local físico com os principais tomadores de decisão. É importante que haja diversas instalações de suporte operacional, ou seja, cada cidade do interior atingida pelo incidente exemplificado pode contar com postos de comandos avançados, bases, acampamentos, entre outras possibilidades, para melhor gerenciamento do incidente.

Os resultados colhidos serão documentados e mensurados, revistos e, se necessário, serão corrigidos, todo esse cenário tem o nome de **Gestão por Objetivos**.

Imaginemos, pois, os órgãos falando a mesma linguagem, com objetivos bem traçados e cada comandante compreendendo e determinando as missões para cada fração de tropa, ou seja, cada integrante de qualquer órgão envolvido no incidente sabe o seu papel e qual ação desenvolverá.

O Sistema é norteado pela gestão por objetivos estabelecidos pelo comandante do incidente. Esses objetivos devem ser específicos, mensuráveis, adequados, razoáveis e temporizáveis, adotando o conceito SMART (sigla em inglês).

As etapas para a finalidade dos objetivos abrangem:
• entender a política e direção da agência;
• avaliar a situação do incidente;
• estabelecer os objetivos do incidente;
• selecionar a estratégia ou as estratégias apropriadas para alcançar os objetivos;
• desempenhar a direção tática;
• fornecer o acompanhamento necessário.

Os objetivos do incidente são estabelecidos em função das seguintes prioridades:
- salvar vidas;
- estabilização do incidente;
- preservação de propriedade.

As comunicações também devem ser integradas, para que haja um plano comum de comunicações, processos e arquiteturas de comunicações interoperáveis. Não é absurdo imaginar que, no exemplo da fuga em massa, os policiais rodoviários nem sequer ficaram sabendo que houve um confronto armado a poucos metros da sua área de atuação, por não estarem ouvindo a modulação de maneira integrada.

Um **Centro de Operações de Emergência** (COE, ou em inglês, EOC), facilita a comunicação através do desenvolvimento e uso de um plano de comunicação comum e processos de comunicação interoperáveis e sistemas que incluem *links* de voz e de dados, fornecendo e mantendo contato entre os recursos do incidente, possibilitando a conectividade entre os vários níveis de ação, conseguindo a concientização da situação e facilitando o compartilhamento de informações (FEMA, 2017).

As comunicações devem ser feitas em português simples e textos claros e, caso esteja operando com outras agências, não devem ser utilizados códigos de rádio ou jargões específicos de cada agência.

O gerenciamento abrangente de recursos diz respeito a manter atualização sobre os recursos utilizados, sejam eles pessoal, de equipamentos, de suprimentos, de instalações, os disponíveis ou que serão disponibilizados. Dentro da Gestão do Incidente, os elementos da Gestão Pública se tornam presentes, e as relações custo-benefício devem ser equilibradas.

Não seria, pois, admissível que as ingerências policiais fossem mais custosas que a própria fuga em massa dos presídios, ou seja, os recursos devem ser aproveitados adequadamente e não duplicados. Em vista disso, os recursos abrangentes de gerenciamento de recursos devem incluir pessoal, equipamento, equipes, suprimentos e instalações disponíveis ou potencialmente disponíveis para atribuição ou alocação. Manter um inventário de recursos — preciso e atualizado — é essencial para o gerenciamento de incidentes (FEMA, 2017).

Para a mobilização e os ajustes dos recursos necessários, o NIMS demonstra, na figura a seguir, as necessidades e os ciclos necessários para o melhor aproveitamento desses recursos:

Figura 11- Ciclo de identificação e uso dos recursos

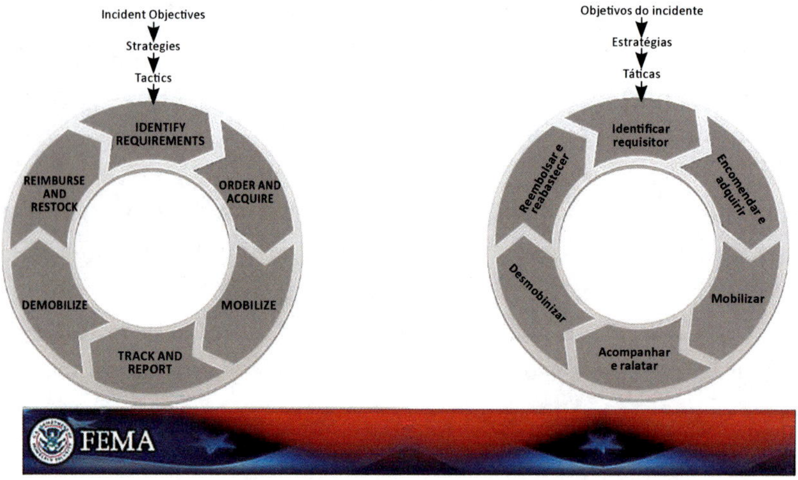

Fonte: figura adaptada pelos autores (FEMA, 2017)

Os Sistemas de Inteligência devem somar seus esforços no cenário de gerenciamento de incidentes sem desrespeitar, por óbvio, os critérios de compartimentação da informação e demais especificidades da matéria. Entretanto, a organização deve ter um processo intrínseco de coletar, analisar, compartilhar e gerenciar informações relacionadas ao incidente, identificando os Elementos Essenciais de Informação (EEI), reunindo os dados mais apropriados, transformando-os em informações úteis, que serão transmitidas para o pessoal apropriado (FEMA, 2017).

A responsabilização seria o controle real de contas e existente em todos os níveis de interoperabilidade, em todos os níveis jurisdicionais e funcionais durante o incidente, devendo contemplar *check-in, check-out*, plano de ação do incidente, responsabilidade pessoal, extensão por controle, rastreamento de recursos e, principalmente, unidade de comando.

Referente ao despacho e à implantação, os recursos materiais e humanos devem ser somente implementados quando solicitados ou emitidos pela autoridade responsável.

O alcance de controle gerenciável, o controle de efetivo em um número apropriado é fundamental para uma coordenação e responsabilização, a fim de buscar uma eficiência no cumprimento das missões no incidente. Um índice ótimo de controle para o gerenciamento de incidentes é de um supervisor para cada cinco subordinados. Entretanto, essa proporção é relativamente difícil de ser alcançada em uma situação prática, procurando, portanto, se aproximar dessa proporção no que for possível e necessário (FEMA, 2017).

Os objetivos do incidente estabelecem as dimensões da organização, e serão preenchidas as funções e posições necessárias para cada agente, e deve ter uma pessoa encarregada. Essas dimensões se desenvolvem de forma modular, de cima para baixo, assegura no ambiente de perigo, tamanho e complexidade, criado pelo incidente (FEMA, 2017).

O planejamento de ações de incidentes promove um meio compreensível de explanar os objetivos gerais e específicos do incidente de acordo com as atividades operacionais e de suporte. Os Planos de Ação no Incidente (PAI) são meios concisos e coerentes de estabelecimento, comunicação e cumprimento de objetivos, táticas e atribuições durante o incidente, para atividades operacionais e de suporte (FEMA, 2017).

Todo incidente deve ter um Plano de Ação no Incidente (PAI). Um plano de ação que especifica os objetivos do incidente e as atividades a serem realizadas, engloba um período específico de tempo, nomeado de período operacional, que pode ser oral ou escrito, exceto em casos de materiais perigosos que exigem um PAI por escrito.

Lembrando que, em um incêndio, os interesses, objetivos, as dificuldades e consequências das agências envolvidas são mais convergentes do que em uma fuga em massa de diversos presídios, no interior de São Paulo.

O comando unificado, por fim, também é uma característica que permite que agências com diferentes responsabilidades trabalhem juntas, respeitando a autoridade e missão de cada ente envolvido.

Neste diapasão, o Poder Judiciário, Ministério Público, SAP, PM, PC, entre outros, devem se reunir em um ambiente integrado e entender o que está provocando a fuga, por exemplo, ou o que pode mitigar o incidente, quais ações já foram tomadas, quais podem ser tomadas por cada ente, quais as responsabilidades, entre outros aspectos.

No caso de incidentes em que não seja clara qual a jurisdição principal ou qual a organização primária responsável, um comando unificado gerencia o incidente por meio de objetivos aprovados em conjunto. Não há um "comandante" único, não afetando a autoridade ou responsabilidade de cada agência.

Os incidentes podem atravessar limites impostos pelas organizações. No caso específico da Polícia Militar, uma ocorrência pode atravessar a área de responsabilidade de batalhões ou grandes comandos e ter consequências diretas sobre o gerenciamento pelo conflito da responsabilidade de comando.

É certo que o princípio da territorialidade é levado em consideração pelas legislações vigentes. Todavia, é necessário debater os casos em que existe a necessidade de um trabalho conjunto com envolvimento de diversas agências e diversas jurisdições.

Assim, a organização de um comando unificado permite que os comandantes de várias esferas operem em conjunto para formar uma única estrutura, possibilitando, assim, que o incidente seja gerenciado conjuntamente.

A partilha será abrangente e abarcará não só objetivos e estratégias, mas sucessos e responsabilidades. Difere-se do comando único quando um responsável garante as atividades funcionais por ter presente a integração interagências.

Segundo o próprio NIMS, o comando unificado é um elemento importante no gerenciamento de incidentes que envolvam múltiplas jurisdições ou múltiplas agências, pois é capaz de fornecer diretrizes para que agências com diferentes responsabilidades legais, geográficas e funcionais coordenem, planejem e interajam em conjunto.

O NIMS reconhece que o esforço conjunto supera grande parte da ineficiência e duplicação de esforços presentes quando as atuações são individuais.

Consequentemente, o entendimento pós-momento inicial do incidente será determinante para que sejam traçados objetivos e estratégias em resposta ao evento.

Os exemplos são diversos, imagine que infratores fortemente armados roubam um carro-forte em uma cidade e se deslocam por diversos municípios, acessando as rodovias após atear fogo em diversos veículos nas principais avenidas. O alinhamento direcionado para a mesma causa dos diferentes batalhões e das agências impactadas por uma ocorrência desse porte será determinante para a resolução da ocorrência.

O envolvimento mútuo pode se dar com diversos batalhões em uma única região, ou, ainda, diversos batalhões em diversas regiões, como é o caso do exemplo supracitado. Caso seja em uma única circunscrição, haverá um conjunto de esforços entre, por exemplo, Polícia, Bombeiros e Socorristas, a fim de criar uma equipe de comando e canalizar seções de operação, de planejamento, de logística e de finanças. Independentemente de quantas regiões ou agências são diretamente impactadas pelo incidente, o comando unificado congrega três características relevantes: organização integrada única; sistema compartilhado de informações; e processo único de planejamento e plano de ação de incidente para todas as agências.

Deste raciocínio foi elaborado um planejamento denominado como "P", o qual mostra as etapas envolvidas no planejamento de um incidente:

Figura 12 - Planejamento P

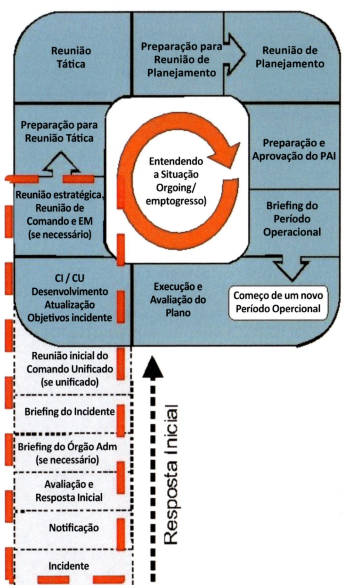

Fonte: os autores

A ilustração acima sugere que existe uma reunião inicial, assim que possível, para responder ao incidente. Na sequência, os comandantes estabelecem, de maneira conjunta, os objetivos para cada período da operação. Em vista disso, se torna relevante observar que existe um período em que o incidente ocorre, posteriormente há notificação, seguida de uma resposta inicial; ou seja, há um lapso temporal que definirá muitas questões operacionais futuras.

Outras questões são definidas a partir da reunião inicial conjunta e integrada, momento em que as opiniões e visões serão colocadas, contestadas e definidas. Caso contrário, ideias não planejadas podem surgir e tumultuar ainda mais o ambiente que abriga um incidente.

Cabe ressaltar que essa reunião não será um *brainstorming*[15], pois não há tempo para opiniões distantes da aplicabilidade real. Por esse motivo somente os comandantes de incidentes das diferentes agências devem participar.

Em todo caso, os aspectos como vida, preservação da integridade física, estabilização do incidente, preservação do meio ambiente e da propriedade devem estar presentes nas discussões sempre que possível. Nesse momento, as agências que ainda não se conhecem muito bem deverão compreender as limitações, preocupações, especializações e questões de outros órgãos.

As operações devem, preferencialmente, ser compartilhadas para que o planejamento, a logística, as finanças e a organização geral integrem as pessoas e somem esforços, com o compartilhamento dos recursos necessários, evitando desperdícios e ineficiências.

As limitações e/ou restrições de recursos, pessoal, equipamentos, legal, de segurança, entre outras, também devem ser divulgadas a todos os envolvidos por meio do comando unificado.

Dessa maneira, a clareza das ações e a integração permitirão que: comandantes sejam colaborativos, os recursos não sejam excedentes nem insuficientes, os problemas sejam enfrentados e mitigados, as autoridades sejam personificadas, o desempenho seja mensurado e avaliado e o ambiente se torne rico para o gerenciamento do incidente.

O foco, muitas vezes, estará nos recursos materiais, mas os recursos pessoais são tão ou mais importantes, a exemplo da figura de um porta-voz predeterminado que manterá a comunicação com os membros do estado-maior do comando unificado, bem como com a sociedade atingida pelo incidente. Ou, ainda, os responsáveis pelas informações, tanto as pretéritas, que servirão para traçar estratégias, quanto as em tempo real.

A aplicação do comando unificado não acontecerá imediatamente após a eclosão do incidente, tampouco ocorrerá em situações controláveis, sem necessidades de maiores diligências ou ações da polícia. Entretanto, a chave desta questão está na inclusão deste sistema em diversas situações, por exemplo, aplicar o comando unificado em eventos programados e locais, o que servirá para se familiarizar e detectar pontos de melhora.

Outro aspecto importante é o treinamento frequente por meio de exercícios de comando unificado, ou seja, treinar os batalhões vizinhos, a rodoviária, os agentes que atuarão no caso de uma ocorrência complexa.

Por exemplo, muitos comandantes cientes de que em sua área existe, por exemplo, uma empresa de transporte de valores, viabilizam treinamentos conjuntos e aplicação do comando unificado de maneira empírica ao simular um ataque.

A questão do treinamento deve ser rotineira quanto às ações, e variável quanto às situações, ou seja, os comandantes devem treinar diversas situações para se adaptarem cada vez mais ao gerenciamento de incidentes sob comando unificado.

Em suma, o comando unificado visa a estabelecer um conjunto de ações coletivas, traçando objetivos plausíveis, permitindo fluxo de informações e coordenação entre todas as agências envolvidas no incidente.

Além disso, todos os responsáveis pelo reestabelecimento da ordem devem ter melhor compreensão das prioridades e da restrição dos que o cercam, apesar de cada agência ter plena consciência dos planos, das ações e dos limites dos outros, ainda assim nenhuma autoridade ou requisitos legais serão comprometidos ou negligenciados, mas os esforços duplicados serão reduzidos ou eliminados.

Emergency Operation Center (EOC)

Centro de Operações de Emergência (COE)

A estrutura de um EOC pode variar amplamente a depender das circunstâncias, da autoridade de maior pertinência temática, dos demais órgãos participantes, recursos e de instalações, mas certamente o objetivo da missão deve preponderar na estrutura do EOC.

Em um Centro de Operações de Emergência (COE) ou EOC, a instalação ocorreu a partir da qual o pessoal fornece gerenciamento de informações, alocação de recursos e rastreamento e/ou suporte de planejamento avançado para o pessoal em cena ou em outros EOCs (por exemplo, um centro de estado que dá suporte a um centro local), assim, pode ser considerada como uma camada supraincidental, em atuação local.

Uma excelente estrutura que proporciona eficiência para ser adotada baseia-se no paralelismo das formas entre a camada supraincidente (EOC) e a camada incidental (ICS) que é a estrutura denominada pelo NIMS de ICS ou ICS-Like Structure.

Figura 13 - Exemplo de ICS-Like EOC

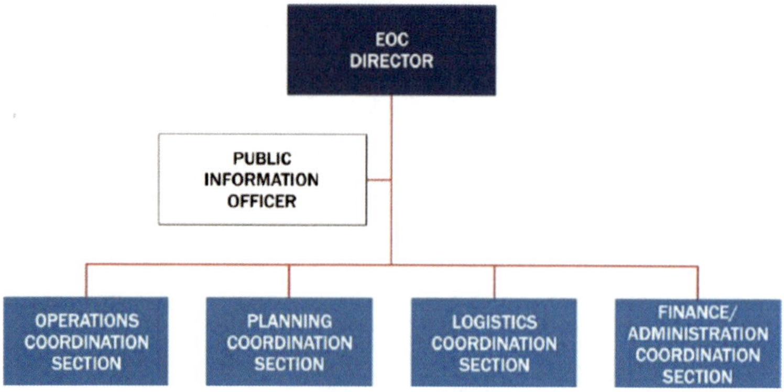

Fonte: (FEMA, 2017)

São funções do EOC:

- **diretor do EOC** é o "indivíduo que dirige o time que trabalha em um EOC quando ele é ativado." (FEMA, 2017);
- **oficial de relações públicas** é o membro-chave das organizações de EOC e ICS, atua aconselhando o comandante do incidente, o comando unificado ou o diretor do EOC e, também, observa as informações públicas relacionadas ao incidente e às demais informações de mídia, além de elaborar as respostas para a imprensa (FEMA, 2017);
- **seção de Operações,** cujo efetivo planeja e realiza as operações táticas para alcançar os objetivos do incidente que, geralmente, são salvar vidas, reduzir o risco imediato, proteger propriedade e o meio ambiente, retomar o controle da situação e normalizar as operações (FEMA, 2017);
- **planejamento** - a equipe dessa seção coleta, avalia e divulga informações da situação do incidente ao comandante e aos demais envolvidos

através de relatórios, *status* e informações da situação. Dessa forma, facilita o processo de planejamento das ações de incidentes (FEMA, 2017);

- **seção de logística** - o efetivo dessa seção trabalha no suporte e nos serviços para aqueles envolvidos no incidente, de forma efetiva e eficiente, fornecendo instalações, segurança, combustível, alimentação, comunicação e tecnologia da informação (TI), além de serviço médicos (FEMA, 2017);
- **seção de finanças/administração** será estabelecida quando o incidente envolver serviços financeiros e de suporte administrativo específico para a cena do incidente, cabendo a essa seção o controle de horas do pessoal envolvido, negociação de aluguéis e contratos de fornecedores de recursos para a gestão do incidente (FEMA, 2017).

A estrutura de um (EOC) pode coordenar múltiplos incidentes ou complexos de incidentes e ser utilizada enquanto não é montada uma estrutura de ICS no local, principalmente nos minutos iniciais até que o incidente se estabilize.

Dessa maneira, primeiramente, o ICS é utilizado para gerenciar respostas no nível tático e operacional no local e os EOCs, que são usados para gerenciar o suporte, de fora da cena, para o ICS.

Nesse ponto, a figura abaixo, apresentada por Aguilar (2019), demonstra com clareza a relação de EOC com o ICS:

Figura 14 - Processo de coleta, análise e compartilhamento de informações e de inteligência: dicotomia entre o EOC (nível político-estratégico de apoio) e o ICS (tático-operacional de execução).

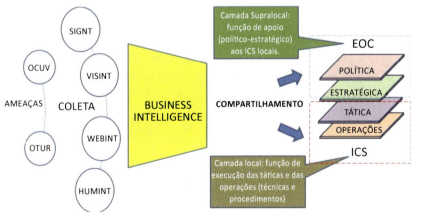

Cyberspace: Op Cinéticas x Cibernéticas.
Fonte: (AGUILAR, 2019)

Sendo as ameaças e coletas legendadas como:
- Organizações Criminosas Ultraviolentas (OCUV);
- Organizações Terroristas Ultrarradicais (OTUR);
- Inteligência dos Sinais (SIGNT);
- Inteligência Visual (VISINT);
- Inteligência de *Web* (WEBINT); e
- Inteligência Humana (HUMINT).

Multi-Agency Coordination Systems (MACS)
Sistema Coordenado Multiagências (SCMA)

Cabe esclarecer que, quando se fala do NIMS/2017, esse traz novas estruturas de Comando e Coordenação de Incidentes em relação ao NIMS/2008, uma vez que utiliza o conceito de Multi-Agency Coordination Systems (MACS) como um termo abrangente para os sistemas de comando e coordenação. Nesse caso, o NIMS/2017 define quatro estruturas para os sistemas de comando e coordenação: "ICS, EOCs, Grupos MAC e JISs" (FEMA, 2017).

Tal conceito permite coordenar e trabalhar com diversas agências em momentos e situações diversos.

Joint Information Systems (JIS)
Sistema Conjunto de Informações (SCI)

A quarta estrutura é composta pelo Sistema Conjunto de Informações (SCI) ou JIS, encarregado de coordenar as informações interagências, desenvolver planos de comunicação social de segurança pública, assessorar o comandante de incidentes/comando unificado, Grupo MAC e diretor de EOC em assuntos de interesse público; gerenciar *fake news* e boatos ou informações equivocadas.

Multi-Agency Center Groups (MAC Groups)
Grupos de Centralização de Multiagências (GCMA)

Trata-se de um conjunto de grupos e instituições de agências diversas que atuam em conjunto nos incidentes, formados através dos MACS e integrando o sistema NIMS. Apesar de pertencerem ao gerenciamento do incidente em *lato senso*, localizam-se fora da estrutura do NIMS e do ICS.

Os MAC Groups, outra estrutura, são compostos por assessores, executivo, *experts*, *stakeholders* públicos ou privados, que promovem orientação política estratégica de alto nível e orientações de alocação escassa de recursos tanto ao EOC como ao ICS. Mas observa-se que essa função pode ser realizada pelo EOC, por vezes, a depender da complexidade do incidente.

Este trabalho apresenta o conceito de MACS normatizado pelo mais recente NIMS, de forma que busca focar nas estruturas de EOC (supraincidental) e de forma subjacente nas estruturas de ICS (incidental).

É importante frisar que, na linha do tempo, primeiro se criou a estrutura e metodologia do ICS, e somente a partir do Ato Patriótico, em 26 de outubro de 2001, seis semanas após os atentados de 11 de setembro de 2001 e, na sequência, com a edição da Homeland Security Presidential Directive 5 (HSPD–5).

Após esses atos, em 20 de março de 2003, se idealizou instituir o MINS, o qual incorporou os princípios e as características do ICS, indo muito além disso, formando o atual conceito de MACS que, em seu bojo, possui como um dos supedâneos de organização estrutural, o ICS, conforme atualização da última versão do NIMS/2017 (2017, p. 19).

Comando e Controle

O manual do Exército Brasileiro define Comando e Controle como "ciência e arte que trata do funcionamento de uma cadeia de controle", envolvendo três componentes básicos: a autoridade, legitimamente investida, apoiada por uma organização responsável pelas decisões de comando e informações necessárias para exercer o controle e um processo decisório sistematizado, que garanta o pleno cumprimento das decisões de comando e o fluxo das informações necessárias para o exercício do controle.

É o exercício da autoridade e da direção que um comandante tem sobre as forças sob o próprio comando, para o cumprimento da missão designada (EB, 2015).

De acordo com Charles Sid Heal, o comando seria a autoridade de uma pessoa na organização, é a delegação de tarefas secundárias, uma vez que o comandante jamais poderia executar todas as funções ao mesmo tempo. Comando é o poder, o controle e a influência sobre as ações (HEAL, 2000).

Ainda, segundo o manual de Campanha sobre Comando e Controle do Exército Brasileiro (EB), consta a seguinte definição:

SISTEMA DE COMANDO E CONTROLE – Conjunto de instalações, equipamentos, comunicações, doutrina, procedimentos e pessoal essenciais para o comandante planejar, dirigir e controlar as ações de sua organização para que se atinja uma determinada finalidade (EB, 2015).

Nesse sentido, o ICS é uma ferramenta de C2 que orienta por meio de um sistema organizacional e metodológico a intenção do comandante, conforme previsto no MINS/2017:

O ICS é uma abordagem padronizada para o comando, controle e a coordenação do gerenciamento de incidentes no local, que fornece uma hierarquia comum dentro da qual o pessoal de várias organizações pode ser eficaz. O ICS especifica uma estrutura organizacional para gerenciamento de incidentes que integra e coordena uma combinação de procedimentos, pessoal, equipamento, instalações e comunicações.

O uso do ICS para cada incidente ajuda a aprimorar e manter as habilidades necessárias para coordenar os esforços de maneira eficaz. O ICS é usado por todos os níveis do governo, bem como por muitas ONGs e organizações do setor privado.

O ICS se aplica a todas as disciplinas e permite que os gerentes de incidentes de diferentes organizações trabalhem juntos sem problemas. Esse sistema inclui cinco áreas funcionais principais, com a equipe necessária, 14 para um determinado incidente: Comando, Operações, Planejamento, Logística e Finanças/Administração (FEMA, 2017).

Portanto, o Comando e Controle é associado a eventos de todas as naturezas, servindo desde desastres naturais a múltiplos ataques terroristas coordenados. Sua história está intimamente ligada às guerras e aos conflitos de alta intensidade, entretanto, alguns fatores e algumas características fizeram que o C2 rumasse para o gerenciamento de evento notadamente em segurança pública.

As principais características que buscam uma forma célere de mitigar e normalizar os incidentes são: unidade de esforço, integração de órgãos e agências; pensamento sistêmico na tomada de decisões; interoperabilidade; integração e colaboração entre envolvidos; coordenação; concatenamento de informações; otimização dos recursos disponíveis com o objetivo de salvar vidas; preservação máxima do meio ambiente e patrimônio.

Figura 15 - Posto de comando móvel do FBI

Fonte: FBI

Comparação entre Gerenciamento de Incidentes e Gerenciamento de Crises

Após conhecer o modelo antigo de gerenciamento de crises na PMESP, datado de 1995, e conhecer as premissas e os conceitos do sistema de gerenciamento de incidentes atualmente utilizado pelos EUA, é possível estabelecer um paralelo entre os sistemas e demonstrar o que já é utilizado na PMESP e no Brasil e o que pode ser adaptado ou entendido como o seu igual no sistema norte-americano.

Em uma primeira análise, podemos observar as diferenças, de forma clara, entre o gerenciamento de crises de 1995 e o NIMS atual.

Embora possamos dizer que a PMESP possui excelência no que se refere ao sistema de gerenciamento de crises aportado em 1995, há muito o que se observar em relação ao NIMS, principalmente referente às suas diferenças.

Sistema de Gerenciamento de Incidentes e Crises

Figura 16 - NIMS x Gerenciamento de crises

Fonte: os autores

Também não se observa na PMESP o uso da estrutura organizacional e metodológica preconizada e regulada pelo NIMS, sendo demonstrada por meio dos conceitos de MACS:

- ICS;
- EOC;
- MAC *Groups*; e
- JIS.

Novamente, aquele que mais se assemelha aos conceitos do NIMS é o CBPMESP, através do oficial do CCB, dentro do Copom, mais se assemelha com o conceito de Centro de Operações Departamentais (COD) ou Department Operation Center (DOC), na nomenclatura em inglês (FEMA, 2017, p. 27).

> Centro de Operações Departamentais: um centro de operações ou coordenação dedicado a um único depa na resposta a incidentes internos da agência. Os DOCs geralmente são vinculados e/ou representados fisicamente em um EOC de agência combinado por um (uns) agente (s) autorizado (s) para o departamento ou a agência (FEMA, 2017).

O ICS e o SICOE

Conforme fora dito, o ICS atua na camada local, tal qual o SICOE com o CBPMESP, entretanto, o SICOE, por força de diretriz, atua somente nos incidentes típicos de salvamento e emergências, não atuando nas ações policiais.

Contudo, para efeito de comparação, ressalvadas as características gerais do ICS, pode ser feito um paralelo entre as duas estruturas, tem como referência a camada incidental de atuação.

Nesse sentido, o ICS, baseado no NIMS, está adaptado a Incidentes Policiais de todos os tipos, natureza, tamanho e complexidade, conforme a recente publicação do National Response Framework (2019), prevendo o terrorismo por meio de ataques múltiplos e coordenados:

O National Response Framework (NRF) fornece uma doutrina básica de gerenciamento de emergências sobre como a nação responde a todos os tipos de incidentes. A NRF é construída sobre conceitos escalonáveis, flexíveis e adaptáveis **identificados no Sistema Nacional de Gerenciamento de**

Incidentes (NIMS) para alinhar as principais funções e responsabilidades em toda a nação.

Na Estrutura, o termo "incidente" inclui emergências e desastres reais ou potenciais resultantes de todos os tipos de ameaças e perigos, desde acidentes, riscos tecnológicos, desastres naturais e incidentes causados por seres humanos (**por exemplo, cibernético, terrorista e ataques estaduais/nacionais**). As estruturas e os procedimentos da NRF tratam de como os departamentos e as agências federais coordenam o apoio aos governos locais, estaduais, tribais, territoriais e da área insular e como o governo em todos os níveis trabalha em unidade com o setor privado e as ONGs (NRF, 2019).

Carecem, somente, algumas observações referentes às características abordadas pelo SICOE, que as conceituam ainda como princípios, conforme segue:

São princípios do SICOE:
(1) a organização do sistema é modular e flexível;
(2) o gerenciamento da ocorrência é feito por objetivos;
(3) a termino0logia deve ser comum;
(4) cadeia de comando e unidade de comando;
(5) conjunto de controle administrável;
(6) comunicação integrada;
(7) dependência no Plano de Ação de Emergências (PAE);
(8) comando único ou unificado;
(9) uso de formulários padronizados;
(10) estabelecimento e transferência formal de comando;
(11) instalações e áreas padronizadas;
(12) mobilização/desmobilização de efetivo e recurso (PMESP, 2014).

Em relação ao ICS, nota-se a falta de três características: gerenciamento de informações e inteligência; responsabilidade; e despacho. As três são de fundamental importância para a resolução e atuação em incidentes policiais.

Contudo, também trouxe como inovação a implantação e o uso de formulários padronizados. Dessa forma, é possível a consolidação das características, conforme segue:
• a organização do sistema é modular e flexível;
• o gerenciamento da ocorrência é feito por objetivos;
• a terminologia deve ser comum;

- cadeia de comando e unidade de comando;
- conjunto de controle administrável;
- comunicação integrada;
- dependência no Plano de Ação de Emergências (PAE);
- comando único ou unificado;
- uso de formulários padronizados;
- estabelecimento e transferência formal de comando;
- instalações e áreas padronizadas;
- mobilização/desmobilização de efetivo e recurso;
- gerenciamento de informações e inteligência;
- responsabilidade; e
- despacho.

Análise da terminologia comum

Inicialmente, a padronização de terminologia comum poderá auxiliar na definição de funções, instalações, descrições de recursos e títulos de posição. Mediante essa afirmativa, será que os entes envolvidos como Secretaria de Administração Penitenciária (SAP), Polícia Militar, Polícia Civil (PC), representantes do judiciário, do Ministério Público, entre outros envolvidos, falarão a mesma linguagem em cenários onde vidas estão em perigo?

Em um universo mais restrito, a resposta nem sempre é positiva, ou seja, será que as Unidades Táticas, Batalhões de área, Batalhões Rodoviários, Corpo de Bombeiros e outros órgãos de Segurança Pública conhecem e respeitam os princípios do NIMS/2017 como unidade de esforço e padronização, além de características como a terminologia comum?

Quanto à terminologia em comum, observa-se que o NIMS estabelece uma terminologia comum que permite que diversas organizações de gerenciamento de incidentes e suporte trabalhem juntas em uma ampla variedade de funções e cenários de risco. Esta terminologia comum abrange o seguinte:

Funções organizacionais: funções principais e unidades funcionais com responsabilidades de incidentes são nomeadas e definidas. A terminologia para elementos organizacionais incidentes é padrão e consistente.

Descrições de recursos: recursos importantes – incluindo pessoal, equipamentos, equipes e instalações – recebem nomes comuns e são digitados para ajudar a evitar confusões e melhorar a interoperabilidade.

Instalações de incidentes: as instalações de gerenciamento de incidentes são designadas usando a terminologia comum (FEMA, 2017).

Na PMESP, infelizmente, ocorre um problema de terminologia comum. De acordo com Scachetti Júnior (2014), a Polícia Militar do Estado de São Paulo (PMESP) utiliza o gerenciamento de crises estabelecido para atendimento de situações críticas, de caráter eminentemente policial, normalmente entendidas como ocorrências com reféns, motins ou rebeliões, ocorrências com artefatos explosivos e ações terroristas, dentre outras.

O Corpo de Bombeiros da Polícia Militar do Estado de São Paulo (CBP-MESP) utiliza o Sistema de Comando de Operações e Emergências (SICOE) para o atendimento das ocorrências de incêndios e salvamentos. Já a Defesa Civil do Estado de São Paulo adota o Sistema de Comando em Operações (SCO) para o atendimento de emergências de grande porte como grandes catástrofes ou desastres.

Claramente se observa que os principais órgãos de atendimento do Estado de São Paulo utilizam sistemas e modelos de C2 diferenciados, com organogramas, funções e terminologias distintos.

Respostas coordenadas aos incidentes

A leitura do histórico internacional possibilita traçar um paralelo com os acontecimentos no cenário brasileiro. Desta forma, pretendemos promover uma revisão de conceitos, em nível nacional, quanto ao Sistema de Comando de Incidentes, abarcando o seu mais amplo **aspecto preventivo**.

A exemplo disso, no período de 2014 a 2018, aconteceram 2.025 crimes de furto e roubo a caixa eletrônicos, além de 71 roubos a carros-fortes, somente no Estado de São Paulo. Esses crimes evoluíram, e as respostas estáticas estão vitimando pessoas. Outro exemplo são as 10.782 manifestações que ocorreram no ano de 2018 e também não contaram com um Sistema de Comando de Incidentes gerido por meio de camadas locais – ICS/SICOE – e supralocais – EOC/COPOM.

Via de regra, os acontecimentos se repetem, principalmente, em incidentes policiais. A primeira força respondedora, composta por policiais territoriais, não tem equipamentos adequados para atuar frente a organizações criminosas ultraviolentas, as informações são desencontradas nas camadas supralocais de

EOC/COPOM, uma vez que estes possuem vocação apenas para registro e despacho de ocorrência, e não a sua gerência de acompanhamento.

Também, é evidente que nos incidentes policiais, que exigem períodos maiores de duração de resposta ou mesmo eventos planejados, não existe a formação de posto de comando ou estrutura de ICS/SICOE, não existe quem assuma como comandante do incidente.

Nessa conjuntura, muitas das deficiências relatadas até o momento já deveriam ser superadas. Contudo, atualmente, ano de 2019, há um histórico de pelo menos 14 policiais militares mortos em ocorrências dinâmicas nos últimos cinco anos.

Em alguns casos, o agente de segurança pública nem sequer sabia que estava em andamento uma ocorrência, pois fica em uma canaleta da rede-rádio diferente. Ou seja, as ocorrências dinâmicas não são devidamente respondidas pelos agentes do Estado, faltam-lhes comunicação e integração, como, por exemplo, o Policiamento Ambiental, que não se comunica com o maior centro de despacho de ocorrências 190, ou, ainda, com qualquer outro dos 10 COPOM restantes no Estado de São Paulo.

Em março de 2019, quando o massacre de Columbine estava próximo de completar 20 anos, e o massacre de Realengo/ RJ completaria 8 anos — 13 mortos e 22 feridos após um ex-aluno adentrar uma escola armado, disparar contra alunos e se suicidar após intervenção da polícia —, dois ex-alunos adentraram uma escola no município de Suzano/SP e cometeram um novo massacre. Desta vez, os dois atiradores ativos provocaram um total de 10 mortes e 11 feridos após adentrarem a escola. Esse incidente não foi maior devido à atuação de um policial militar de folga e por uma equipe de Força Tática, que teve o tirocínio de averiguar as informações em meio ao caos, novamente atuando naqueles *boots on the ground* (AGUILAR, 2019).

Chama a atenção que os erros cometidos há 20 anos estejam se repetindo no que diz respeito às TTP materializadas no dever de eficiência. Os erros poderiam não ter ocorrido; representados, nesse ponto, pela obrigação de atualização na educação das Ciências Policiais de Segurança e Ordem Pública, provendo aspectos preventivos de análise de risco, planejamento, resposta e recuperação de comunidades abaladas, além de protagonizar comunicação integrada entre todos.

Na escola de Suzano ocorreram erros, que potencializaram os riscos, decorrentes da lacuna que existe na doutrina estadual ou nacional, ou seja, representantes do mais alto escalão (nível político-estratégico) se fizeram presentes no local do incidente, classificado como quente (risco direto à vida), arriscando-se em um ambiente ainda não estável e seguro, que não havia sido vistoriado por completo pelas forças policiais. Ademais, a presença de autoridades trouxe jornalistas empenhados em buscar informações.

A motivação para esse fato foi a inexistência de uma Comunicação Social de Segurança Pública voltada para administrar não somente crises de imagem, mas Comunicações em Incidentes (AGUILAR, 2019), atuando de forma a:

- alertar o público para evitar a região por meio de comunicação em massa;
- alertar os familiares para não irem ao local, ressaltando que qualquer informação de vítimas seria divulgada, minuto a minuto, nos sites governamentais, a fim de realizar o reencontro de familiares; e
- não divulgar lista de vítimas de forma equivocadas, como ocorreu.

Essas funções deveriam ser destinadas às áreas de inteligência e investigação, integradas com a Comunicação Social de Segurança Pública. Como isso não ocorreu, curiosos e familiares, diante das lacunas em comunicação social de segurança pública, foram para a escola atingida, considerada "lugar quente", a fim de obterem informações dos seus entes queridos.

O Estado não fez como em Columbine, onde as famílias dos alunos e dos funcionários da escola foram chamadas para se reunirem e aguardarem informações de maneira organizada.

Nesse sentido, novamente, para reforçar a ideia de comunicação, citaremos as Propostas de Políticas Públicas Incidentais de Segurança Pública descritas por Aguilar (2019):

Atendimento 190, Próxima Geração, suportando recebimento de dados, voz, vídeos e áudios por meio do conceito de *blockchain*; 911 NG com capacidade de dados reversos propiciando comunicação em massa com a população.

Velocidade de despacho de viaturas por meio de geolocalização do usuário.

Capacidade de dados reversos, COPOM comunicando a população, gerando alertas, em tempo real, sobre eventos que impactem a segurança das pessoas em determinada região. Exemplo "Evite a região de Suzano, pois ocorre intenso tiroteio na escola X, familiares não se dirijam ao local, informações acessíveis no site da PMESP sobre reencontro de familiares e vítimas". "Ocorreu queda de um prédio na região do Largo do Paissandu, evitem a região, serviço às vítimas dirigir-se para local Y".

Etiquetas de Sensoriamento Remoto de Sinais Vitais e Georeferenciamento de incidentes com múltiplas vítimas.

Atendimento com múltiplas vítimas tanto Policiais MACTAC/Atirador Ativo assim como os incidentes não policiais como terremotos, abalroamentos de múltiplos veículos, podem exigir dois desafios:

> logística de distribuição dos pacientes em *real time* na rede hospitalar realizando integração com a Comunicação Social de Segurança Pública, a fim de propiciar o Reagrupamento de familiar e vítimas, assim como o a aplicação de *Mass Casualty Patient Tracking Software System por meio de biometria de campo e etiquetas de wificode.*

> Em incidentes com múltiplas vítimas, socorristas podem facilmente serem dominados pelo grande número de vítimas. Quando cada segundo conta, monitorar os sinais vitais de todas as vítimas em uma situação caótica pode ser difícil. Técnicos de medicina de emergência e paramédicos precisam de uma maneira de monitorar facilmente vários pacientes em cena, receber notificações quando os sinais vitais mudam para pior e compartilhar essas informações com todos que precisam.

Em Suzano, não houve um encarregado específico ou um serviço especializado no papel de comunicação social em Segurança Pública, informando as famílias onde, como e porquê deveriam aguardar. Esse fenômeno gerou uma desorganização potencializada no ponto crítico, já que as famílias sabiam que um ataque havia ocorrido e que foi naquele local, mas desconheciam as informações sobre seus entes queridos e se estavam feridos.

Dessa forma, se dirigiam até o "local quente" (risco direto à vida), aumentando o risco e prejudicando ainda mais a organização do cenário, "o que era fácil ficou difícil, e o que era difícil ficou impossível".

Ou seja, formalidades, linguagens, atuações, áreas de trabalho, entre outras questões, necessitam urgentemente de atualização doutrinária no tocante ao Gerenciamento de Incidentes Policiais.

Ao contrário do movimento que ocorreu nos EUA "de cima para baixo", ou seja, um Sistema Nacional de Gerenciamento de Incidentes em esfera federal organizar os trabalhos locais, por meio do FEMA, aqui poderá ocorrer "de baixo para cima".

Assim como nos casos internacionais, os casos nacionais também possuem vastas ocorrências que seriam fontes de análises, exemplificando e servindo como base para estudos de casos e propostas de melhoria. Mais uma vez, a carência de estudos acadêmicos sobre o tema no Brasil prejudica a profundidade de pesquisa em relação ao fenômeno no país.

Além de incidentes como: rompimento da barragem em Mariana (2015); rompimento da barragem em Brumadinho (2019); os atentados no Ceará (2019), entre outras inúmeras ocorrências de roubos e furtos, cujas características quanto aos incidentes policiais se mensuram em ataques múltiplos e coordenados e em incidentes não policiais, que se afiguram por incidentes em larga escala.

Contudo, um ponto comum os une: a demorada capacidade responsiva de postar e mobilizar os ativos operacionais em solo, propiciando resiliência e adequação frente ao problema, além de não planejar adequadamente a recuperação das comunidades abaladas.

A figura abaixo permite que o leitor tenha uma visão geral e cronológica de alguns eventos marcantes e determinantes para a história do gerenciamento de incidentes. O ponto de maior atenção são os acontecimentos internacionais que criam espaço para uma nova forma de doutrina, diferente da nacional, que mantém a estratégia estática.

Sistema de Gerenciamento de Incidentes e Crises

Figura 17 - Evolução na doutrina de gerenciamento de crises

Fonte: os autores

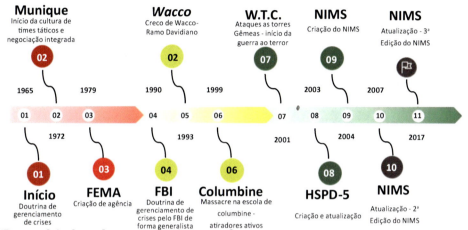

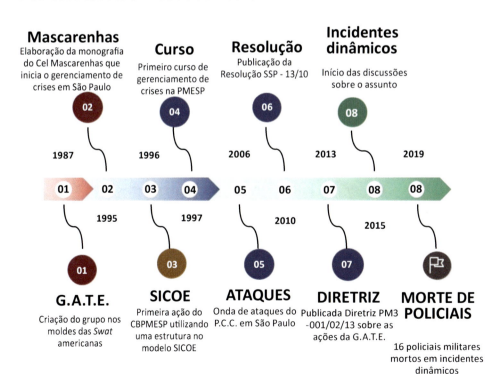

Por isso, os Sistemas de C2 são importantes em todas as fases que previnem, antecedem, mitigam, solucionam e estudam o incidente ocorrido, mas normalmente não é suficiente para garantir o sucesso completo da ocorrência.

Cabe exemplificar que o comandante que tem consciência situacional, mas não dispõe de meios adequados de transmitir orientações e apoios, a voz dele possuirá baixa capacidade de controlar as funções delegadas de controle para os envolvidos.

Fica claro que o contexto e o ambiente são fatores que podem influenciar diretamente o resultado de uma operação, ainda que o C2 tenha sido aplicado de maneira satisfatória. Algumas etapas, portanto, devem ser superadas de maneira cautelosa, primeiramente, por exemplo, é definir a intenção do comandante, trazendo em seu bojo os objetivos SMART (específico, mensurável, alcançável, relevante e prazo limitado) da missão e o estado final desejado, situação esta constantemente ignorada por parecer estar aparente nas missões.

Algumas ocorrências críticas na PMESP iniciam sem uma definição da intenção do comandante, em consequência disso sem a declaração do objetivo SMART e o estado final desejado.

Cita-se o exemplo de um policial militar que sai de serviço, mas não retorna à sua residência. Após alguns instantes, são feitas denúncias sobre o policial estar em risco no interior de uma comunidade com altos índices de violência. Pois bem, normalmente diversos batalhões são empenhados, batalhões especializados prestam apoio, a rede-rádio é congelada para priorizar essa situação, não trazendo meios alternativos ou redundantes de comunicação.

Os policiais em serviço não têm noção e definição clara da intenção do comandante, logo, de seu objetivo SMART e estado final desejado; agem intuitivamente em campo e começam a realizar abordagens e cercos, mas a operação nem sequer tem um objetivo claramente estabelecido.

Conhecimento da missão — o que deve ser feito e como deve ser feito — por todos os participantes é fundamental para o sucesso da missão.

Quando existe um comandante definido que estabelece sua intenção, declara os objetivos e estado final desejado de maneira clara e coesa, inicia-se a capacidade de alocação de recursos existentes, bem como a busca por recursos adicionais capazes de resolver a questão.

Diante desse fator, surge o princípio de unidade de esforço entre todas as agências envolvidas, buscando-se por objetivos comuns, sem duplicidade de esforços, formando um todo conhecido como Comando e Controle.

CAPÍTULO III
Momento do caos

O **estado de caos,** nas Ciências Policiais, pode ser compreendido como o momento em que ocorre a quebra da ordem pública de forma abrupta e com extrema violência, com perspectiva real e iminente, senão imediata, de resultados letais, podendo estender seus efeitos:
- sobre um único espaço geográfico delimitado;
- sobre vários espaços delimitados concomitantemente; ou
- sem restrição espacial, em face das características dinâmicas que o evento pode assumir, tornando difícil limitar sua extensão.

O conceito de **Momento do caos**, nas Ciências Policiais, pode ser considerado como início de um incidente num determinado espaço temporal e geográfico que se encontra confuso, em desordem, com poucas informações e com escassez de recursos que, se não estabilizados, podem levar a efeitos imprevisíveis.

Aguilar *et. Al.* (2017) explicam a teoria do caos, e o efeito borboleta, em incidentes dinâmicos:

Entre o período que medeia o início do incidente até a conquista efetiva das medidas iniciais de contenção existe um espaço de tempo que é chamado de caos ou de cenário caótico. Nesse interregno, o incidente caracteriza-se pela *"sensibilidade* às *condições iniciais"*, cuja causalidade amplia a probabilidade de resultados possíveis; portanto, os incidentes dinâmicos são regidos pela Teoria do Caos e o chamado Efeito Borboleta (SOFFNER, 2002) [...].

Esse efeito foi analisado pela primeira vez por Edward Lorenz, em 1963 (SOFFNER, 2002). O fenômeno da sensibilidade às condições iniciais foi descrito através de uma abstração, chamado de efeito borboleta, segundo o qual "o bater de asas de uma borboleta no Brasil pode desencadear uma sequência de fenômenos meteorológicos que provocarão um tornado no Texas" (*apud*, MCCHRYSTAL, 2015).

O ICS/SICOE é uma ferramenta muito útil na estruturação de esforços de resposta para incidentes, entretanto, para os períodos operacionais seguintes, quando uma determinada quantidade de ordem foi restabelecida.

Nesse sentido, Bruce Liebe resume, com exatidão, em seu excelente artigo, "devido à natureza caótica vivenciada nos estágios iniciais de um evento de atirador ativo e à ameaça contínua à vida humana, o estabelecimento do ICS ou comando unificado pode ser mais bem realizado após a restauração de um certo grau de ordem" (LIEBE, 2016).

Figura 18 - Momento do caos em frente à escola em Suzano, durante ataque de dois atiradores ativos (2019).

Fonte: arquivo pessoal dos autores

Há de se destacar a dificuldade que as primeiras equipes possuem em estruturar o ICS/SICOE e o comando unificado nos momentos iniciais de cenários caóticos, em incidentes policiais, quando vidas estão em jogo.

Cabe ressaltar que os resultados de um incidente determinarão o quão bem ele foi gerido, ou seja, os julgamentos se pautam nos números finais, como: quantas vidas foram salvas? Quantas propriedades foram perdidas? Ou quanto tempo demorou para que a comunidade local se reestruturasse?

Nesse sentido, os profissionais envolvidos devem saber que a Ciência Policial não será piedosa, caso os muitos esforços empregados não possibilitem bons números finais.

O estudo de caso de alguns incidentes permite compreender que alguns problemas recorrentes podem rumar para um final trágico, via de regra os elementos que possibilitam ingerências são: comando único ou unificado, comunicações integradas, administração por objetivos e, principalmente, unidade de esforço, além da atual inexistência de uma estrutura organizacional dotada de para realizar esta integração de C2.

Esses aspectos são justamente o que o NIMS e ICS/SICOE buscam solucionar em grandes incidentes policiais, por isso a busca por melhoria da comunicação, interoperabilidade de rádio, formulários de planejamentos uniformes e criação de terminologias comuns entre os profissionais envolvidos no incidente, entre outras características e outros princípios citados anteriormente.

Apesar de todas essas medidas de reconhecimento sobre os papéis e as responsabilidades das autoridades locais na gestão de incidentes e do auxílio de recursos, quando necessário, existe uma grande lacuna não solucionada. Esse espaço não preenchido guarda relação com o questionamento sobre quando a fase inicial de resposta se torna tão grande a ponto de ativar todo um sistema de gerenciamento e o que fazer nesses momentos iniciais.

Vale lembrar que os primeiros profissionais imbuídos legalmente – normalmente vinculados à Segurança Pública – que chegam ao local do incidente em instantes, devido a possuírem *Boots on the ground* (AGUILAR, 2019), são responsáveis pelas operações de segurança à vida. Por isso são esses os profissionais do patrulhamento territorial, do programa 190, que lidam com os principais eventos iniciais em meio a incidentes policiais complexos em meio ao caos.

Mais uma vez, são válidas as explicações de Liebe (2016, p. 34):

O serviço de bombeiros tem uma vantagem em sua utilização do ICS devido à natureza imutável de seu adversário. O fogo não muda de tática ou adiciona novas armas; Como resultado, a experiência adquirida um ano se aplica ao próximo. Se a incerteza é mínima ou inexistente, o comando e o controle são simplesmente uma questão de gerenciamento de recursos. Por outro lado, muitos adversários enfrentados pelas forças policiais estão em constante mudança, pois alteram e melhoram continuamente as armas, táticas e técnicas. Como resultado, o comando e o controle podem ser muito mais desafiadores e complexos.

Ocorre que o NIMS e ICS/SICOE, ou outras estruturas de nível gerencial, não são e nem serão capazes de auxiliar os primeiros policiais que chegam a um incidente, em seus momentos iniciais de cenários caóticos, afigurando-se esses sistemas de comando e controle como ferramentas auxiliares, após as primeiras medidas iniciais de estabilização.

Contudo, o momento caótico é tão imprevisível e delicado que não será respondido somente por Procedimentos Operacionais Padrão (POP) preestabelecidos, carecendo de uma sólida educação em Ciências Policiais e Ordem Pública, algo muito mais amplo do que um simples POP.

Neste cenário, contribui para o debate o conjunto de ferramentas e metodologias denominado ambiente VUCA (volátil, incerto, complexo e ambíguo), potencializado pela Quarta Revolução Industrial, o treinamento prévio, a experiência dos agentes e a educação em Ciências Policiais serão muito mais decisivos que a estruturação de um comando único/unificado, com rígido comando e controle.

Justamente, aqui, faz sentido o treinamento e a estruturação de EOC/COPOM 24/7, de nível político-estratégico, de apoio às equipes locais, enquanto o ICS/SICOE não seja formalmente estabelecido em cena.

Nos cenários iniciais de eventos dinâmicos caóticos, os comandantes devem reduzir a quantidade de comando e controle, a fim de se libertarem de expectativas irrealistas ao impor mais comando e controle sobre essas condições de caos.

Nesse sentido, Aguilar (AGUILAR, 2019) aponta que o principal desafio está em como as Instituições de Segurança Pública, notadamente as mais conservadoras, de estrutura *top down*, vão receber nessa hipervigilância propiciada por toda essa tecnologia em tempo real, que não pode ser confundida como supressão de autoridade de quem decide no final da linha, mas deve ser compreendida como ferramenta subjacente de processo decisório, de apoio ao policial de rua, que decide em campo, longe dos benefícios de salas C5I, cumprindo o seu dever em meio a cenários caóticos, com elevado nível de estresse e compressão de tempo.

Certamente, esse conceito de hipervigilância focada no apoio ao policial decisor em nível local, sobretudo quanto à responsabilização em apoiá-lo, trará repercussões nas Ciências Policiais e no Direito.

Corroboram os ensinamentos de modelos de liderança a serem utilizados como apoio à camada local, proferidos por General Stanley Mac Crystal *Eyes On Hands Off* - olhos nas mãos (MCCHRYSTAL, 2015).

O momento seguinte se inicia depois de certa ordem estabelecida no local, ou seja, de medidas iniciais de contenção, instante que permitirá estruturar as valiosas estruturas de NIMS, de ICS/SICOE e de comando unificado num verdadeiro efeito Lego, modular, como segue na figura:

Figura 19 - Exemplo do desenrolar dos eventos durante o estabelecimento das funções de inteligência e investigação.

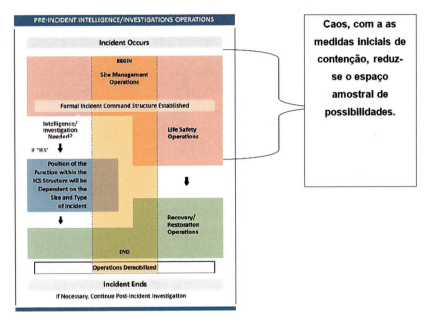

Fonte: (NIMS, 2013), adaptada pelos autores

O momento do caos nas Ciências Policiais pode ser conceituado como início do incidente num determinado espaço geográfico que se encontra confuso, em desordem, com poucas informações e com escassez de recursos, se não estabilizados podem levar a efeitos imprevisíveis.

Conforme já afirmado por Bruce Liebe (2016), assim como demonstrado na figura acima, existe um período que medeia o início da eclosão do incidente até a sua estabilização.

Cenários caóticos que escalonam rapidamente são marcados pela não identificação de causa – efeito, chegando a provocar um verdadeiro efeito tsunami. Como é sabido, o comando e controle inadequados podem resultar em atrasos na resolução de incidentes.

Quanto mais tempo um criminoso tiver permissão para operar, maior será a taxa de baixas em incidentes dinâmicos na ocorrência; em um incidente dinâmico, envolvendo diversos batalhões e especialistas, deve-se questionar: quais medidas serão tomadas no local do incidente com todos os envolvidos? Como será a organização na chegada das viaturas? Ou ainda, como exatamente o comando único ou unificado será estruturado?

Desde 1995 até a atualidade, tivemos a oportunidade de acompanharmos centenas de incidentes dinâmicos e, infelizmente, não observamos nenhum progresso operacional nessas ocorrências.

Os mesmos erros, a mesma falta de informações, falta de comando único e unificado, sobreposição e omissão de recursos, falta de uma coordenação de objetivos, desencontro total de informações, confusão geral, falta de continuidade de diligências e o principal: vidas perdidas tanto por acidentes ou por confrontos que poderiam ser evitados.

Justamente aqui faz sentido a estrutura de MACS trazida pelo NIMS/2017, uma vez que, esse autor, pretende utilizar a Estrutura do EOC/COPOM 24/7, a fim de monitorar ameaças emergentes em seus estágios iniciais por meio de uma camada supralocal dotada de Centros de Fusão C5I (AGUILAR, 2019), que lhe garanta características de *Big Data*, possibilitando que o tomador de decisão obtenha significativa consciência situacional e imagem operacional comum, colocando-o em uma posição de vantagem no ciclo decisório OODA.

Em consequência disso, o tomador de decisão terá atitudes mais rápidas em seu processo decisório e também mais acertadas e resilientes frente ao problema, abreviando o ciclo decisório, mitigando riscos, a fim de salvar vidas, estabilizar o incidente, a propriedade e o meio ambiente.

A figura abaixo do ICS/SICOE demonstra que quanto mais rápida for a decisão do tomador em mobilizar recursos, menor será o período de escassez, logo, de caos.

Figura 20 - Antecipando necessidades de recursos nos incidentes.

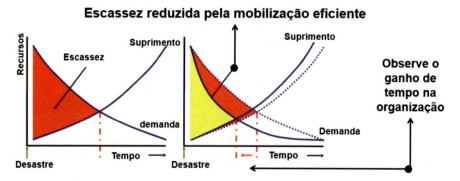

Fonte: CBPMESP (2014, p. 55).

A questão cronológica é muito importante nestes cenários, tendo em vista que após o início da organização do cenário caótico inicia-se certa ordem, estabilizando-se o incidente. A partir disso, inicia-se o processo de se estabelecer um ICS/SICOE dotado de posto de comando no local do incidente, momento em que o Cmt do EOC/COPOM transmitirá o comando para o comandante do incidente em cena.

Observa-se que a estrutura de EOC/COPOM realiza funções políticas, estratégicas, táticas e operacionais apenas até que se estabeleça um ICS/SICOE em cena. Após isso, o EOC/COPOM servirá como facilitador, exercendo funções políticas e estratégicas de apoio ao comandante do incidente em questão.

Com a fixação do ICS/SICOE em cena, serão aplicadas as metodologias e a estrutura organizacional normatizadas para o incidente em cena.

A fim de entender os momentos encontrados em um incidente seguido de seu escalonamento, foi elaborada uma linha do tempo didática no qual se encontram variações temporais, mas sem alteração quanto à ordem dos fatores:

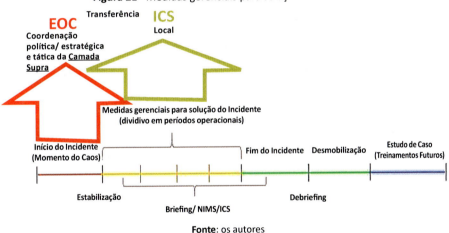

Figura 21 - Medidas gerenciais para solução do incidente

Fonte: os autores

Os profissionais menos experientes podem julgar inadequada a aplicação do NIMS e do ICS/SICOE durante um incidente. Normalmente isso ocorre porque não estão levando em consideração o momento que este deve ser aplicado, ou seja, imediatamente após a eclosão caótica de uma ocorrência.

Vale lembrar que o NIMS com as estruturas orgânicas EOC e ICS/SICOE buscam dimensionar o incidente, criar organização para gerenciar os trabalhos supralocais e em cena, buscando a resolução do problema de forma colaborativa, sem a camada supralocal micro gerenciar a camada em cena, o que traria supressão da capacidade decisória de tropas que possuem *boots on the ground* e que estão mais resilientes ao problema.

Um incidente dinâmico que envolva várias organizações policiais será extremamente desgastante. Se não houve preparo para esse potencial, as chances de levar o incidente a uma conclusão rápida são muito reduzidas.

Segundo Liebe (2017), não há criatividade sob estresse. A resposta do comando da agência deve ser planejada e predeterminada. Isso é especialmente verdadeiro se estiver lidando com a complexidade de um evento multijurisdicional. Quando vidas estão em risco, não podemos nos dar ao luxo de tropeçar ao dar resposta.

O Comandante do EOC/COPOM e do ICS/SICOE

Os líderes com poder de decisão nem sempre sabem como é chegar a um evento ao som de tiros, gritos, pessoas mortas, entre outras ocorrências antinaturais ao ser humano.

Enquanto a maioria dos cidadãos tende a abandonar um local caótico, os policiais querem e precisam entrar nesse ambiente, aqui se dá a exata concretude de que o policial do patrulhamento territorial é a primeira autoridade a proteger os direitos do cidadão, a começar pela sua vida.

Segundo Sid *apud* Good (2019) "quando um adversário está envolvido, ele não é apenas sensível ao tempo, mas competitivo no tempo. Tempo negligenciado ou oportunidade negligenciada por um adversário pode ser explorado pelo outro" (tradução nossa).

Vale lembrar que algumas medidas podem simplesmente não funcionar, até porque a Ciência Policial não é uma ciência exata, a qual conta com esforços unilaterais. Em uma ocorrência com infratores da lei, por exemplo, esses podem decidir matar inocentes, independentemente das medidas tomadas pelos agentes públicos, ainda que sigam as melhores práticas das Ciências Policiais de segurança e ordem pública.

Nesse panorama, faz sentido utilizar a camada supralocal de estrutura 24/7 de EOC/COPOM para administrar os estágios iniciais até que ocorra a transferência de comando aos comandantes do ICS/SICOE no local.

Logo, o caos é uma parte natural do evento, e os comandantes de incidentes que chegarem ao local sem a dimensão da ocorrência tendem a sentir pressão para acabar imediatamente com o cenário delineado e, se não conseguem de imediato, sentem-se incapazes.

As primeiras ações devem, pois, contar com profissionais experientes e, principalmente, treinados, para não se desviarem dos protocolos de ação somente para aparentar estarem no controle. O processo de observar, se orientar, decidir e agir não ocorrerá de imediato, e os procedimentos para lidar com a situação devem ser elegidos de acordo com o cenário; isso deve ser entendido em todas as esferas decisórias.

Dessa maneira, o que vai determinar o sucesso final de um comandante de incidentes em restaurar a ordem é a eficiência com que ele entende o que está ocorrendo no momento do caos.

O comandante, de forma profissional, deve, ao se deparar com dilemas, entender o que está ocorrendo; quais daquelas situações ele nunca vivenciou; o que ele sabe; o que ele precisa saber; o que ele quer e deve fazer; o que ele pode fazer e, o mais importante, o que ele está tentando fazer, ou seja, quais são seus objetivos.

Figura 22 - Um comandante de incidentes tomando decisões no posto de comando.

Fonte: arquivo pessoal dos autores

Assim, após encontrar respostas para esses questionamentos, o comandante local toma as primeiras medidas e começa a subsidiar os comandantes gerenciais que estão fora do cenário caótico.

A partir de então, os formulários, as listas e as medidas de ICS começam a surgir para trazerem ordem ao caos. Frisa-se, antes disso, que o espaço pode se encontrar turbulento, onde causa e efeito serão, muitas vezes, desconhecidos, e não se saberá ao certo quais medidas são aplicáveis.

O trabalho apresentado ruma no sentido de amparar metodologicamente a PMESP objetivando a viabilização de uma estrutura — doutrinária e operacional — para respostas adequadas aos incidentes de qualquer magnitude.

Contudo, a maior dificuldade está justamente neste momento caótico, também chamado de "hora de ouro" ou "nevoeiro de guerra" (LIEBE, 2016). Para tentar mitigar as problemáticas presentes nesse momento, o trabalho apresenta alguns princípios básicos inerentes à função de comandante do incidente.

Princípios para vencer o momento caótico

Raramente, os cidadãos envolvidos diretamente em um incidente estão treinados ou preparados mentalmente para uma tomada de decisão para respostas iniciais. Sendo assim, é de se esperar que uma comunidade não saiba ao certo como lidar no caso de um agressor que atira contra civis no interior de uma escola, por exemplo.

Por esse motivo, é imprescindível que alguns princípios norteiem o treinamento e, posteriormente, o trabalho das autoridades em meio ao caos.

Inicialmente, surgirá a questão de capacitação humana, ou seja, as pessoas mais preparadas para comandar o tipo de incidente que se apresentará. Neste caso, é preciso humildade para reconhecer que nem todo bom comandante é bom com incidentes.

No caso referente aos incidentes que envolvam mais de uma unidade territorial, devem ser assumidos pelo oficial comandante mais experiente, instruído e treinado.

Com base nesse princípio, a questão hierárquica não será afetada, tendo em vista que a relação funcional não deve ser abalada em momento algum. Entretanto, é comprovadamente viável que o policial mais experiente assuma a liderança da ocorrência.

As agências devem dispensar gentilezas e retirar da cena do incidente os policiais que realmente não podem desempenhar esse papel. Com relação a esse posicionamento, algumas doutrinas tratam o termo "esperança" como uma estratégia e, neste sentido, espera-se que o mais bem preparado esteja no local do incidente.

Cynthia Reynaud, uma das maiores doutrinadoras americanas, com ampla experiência em incidentes policiais, corrobora com a mesma opinião referente ao comandante e tomador de decisão em momentos caóticos. Tal como atletas, não é possível assumir todas as posições em uma equipe, nem todos os comandantes de polícia são adequados para gerenciar um incidente crítico.

Um comandante de incidentes eficaz deve ser capaz de tomar decisões sob estresse, ter a capacidade de identificar questões relevantes, possuir a consciência situacional e ser capaz de imaginar o estado final.

Por conseguinte, a prática comum de atribuir à mais alta patente a função de supervisor-comandante disponível pode ser uma abordagem com defeito. Quando ocorre o incidente, "o comandante deve ser a pessoa mais qualificada, independentemente de ter atingido a hierarquia máxima da polícia" (RENAUD, 2012) (tradução nossa).

Em seu livro *Fontes do Poder*, Gary Klein (2001), após um estudo científico de mais de 10 anos e 156 (cento e cinquenta e seis) casos práticos de decisões tomadas sob estresse —com comandantes de bombeiros, pilotos de avião de combate e paramédicos —, sobre como as pessoas tomam decisões, seguindo uma língua mais naturalista, concluiu que os atores trabalham com o modelo de tomada de decisão como a primeira opção funcional que conseguem encontrar, **não a melhor opção**.

Essa postura advém de "*slides* mentais", ou seja, das experiências anteriores pelas quais passaram ou experimentaram em algum momento de suas vidas.

Torna-se imprescindível destacar o estudo de Márcio Santiago Higashi Couto (2015), ao esclarecer que tanto o empirismo quanto o tirocínio, isto é, a experiência policial, podem e devem ser empregados no processo de tomada de decisão.

O autor ressalta que os profissionais com mais de 20 anos de profissão erraram menos em comparação aos mais novos, e dos casos estudados em ambientes de tomada de decisão natural foi a falta de experiência a maior causa de erros nas tomadas de decisão. A segunda causa de decisões equivocadas foi a falta de informações.

Tratam-se de heurísticas, processos de análise preconcebidos que agilizam a elaboração de alternativas. Esses processos agilizam e facilitam o processo de tomada de decisão, trazendo alternativas associadas às avaliações e experiências passadas, próprias ou de outrem.

Segundo Bazerman e Moore (2014), essas heurísticas, se não forem bem aplicadas, podem incorrer em erros representados pelos vieses cognitivos, geralmente causados por uma avaliação equivocada da realidade do cenário atual e, principalmente, das consequências que aquela escolha pode causar no futuro.

Por conseguinte, tanto nas crises estáticas quanto nas dinâmicas, na maioria das vezes, a ajuda estará a caminho, posto que as equipes especializadas não estão no local, mas o trabalho feito pelo primeiro comandante de incidentes nessa hora caótica dará o tom, ritmo e a direção iniciais dos esforços de resposta.

Pesquisas mostram que os seres humanos reagem de maneira diferente sobre estresse extremo e, nesse caso, as habilidades e até a composição químico-fisiológica podem determinar quais comandantes são mais eficazes e possuem a propensão natural para o desempenho sob estresse.

As questões não estarão tabuladas em um endereço eletrônico, tampouco em um fichário preenchido com calma em uma sala com televisões que trazem números sobre os incidentes.

Essas questões são iniciais e devem ser provocadas pelo primeiro comandante, o qual deve pensar: o que está sendo realizado? Como isso ocorreu? Que inimigo estamos enfrentando? Existe ainda força ativa no cenário a ser neutralizada?

Nem sempre as perguntas serão respondidas por completo, mas as respostas iniciais determinam o início dos trabalhos em um gabinete, que será montado posteriormente. Enquanto houver um cenário turbulento é vital considerar a manipulação e a improvisação na "hora de ouro" (RENAUD, 2012).

O comandante do incidente é encarregado de fazer com que grupos diferentes trabalhem juntos para alcançar um objetivo comum, pois, muitos desses grupos não têm vinculação hierárquica entre si e não aceitarão receber e cumprir ordens de maneira particular. Nessa situação, a capacidade de manipular pessoas pode ser a diferença entre o fracasso e o sucesso da missão.

Os desafios para o comandante de incidentes, que trabalha na fase inicial do caos, envolvem questões de: morte iminente, pessoas gravemente feridas, problemas no comando e, por vezes, a incapacidade de reagir diante de tantas confusões, informações desencontradas e conflitantes, ambiente ruidoso, questões competitivas de tempo e prioridade, ausência de tempo para o raciocínio e, por fim, o peso das consequências resultantes do sucesso ou fracasso.

Por isso, o comandante não está preparado para o momento do caos por ser "apenas" inteligente e bem-treinado, também é necessário ainda que seja calmo, focado, experiente, humilde, resiliente, saiba influenciar pessoas e tomar decisões.

Os oficiais da Polícia Militar aprendem a trabalhar com comandantes de outras forças, manter contato com autoridades, manter proximidade com grupos comunitários, mediar problemas de subordinados, presidir procedimentos administrativos, entre outras tarefas, que mostram que a cautela é uma habilidade. Entretanto, o costume de tomar decisões cuidadosas e com calma exacerbada pode virar uma rotina, um estilo de vida e, quando isso se choca com o caos de um incidente de grande escala, a ausência de uma decisão rápida pode ser desastrosa e custar vidas.

Cabe, portanto, uma mudança na rotina de treinamento, uma exigência por decisões rápidas e pensadas ao mesmo tempo. A improvisação e criatividade aliadas à capacidade de implementação, capacidade de influenciar pessoas e poder de decisão são elementos positivos para o sucesso do comandante de um incidente no momento do caos.

Outra característica importante para o comandante ter sucesso é a utilização de capital social (*networking*) e a criação de estratégias mentais de acordo com o cenário que se apresenta.

No livro, *A política de Gestão de Crises*, Boin *e tal* (2005) sugerem que os comandantes de incidentes experientes raramente chegam a avaliações situacionais por meio de um processo consciente explícito de deliberação.

Os comandantes profissionais desse tipo adquiriram um rico estoque de experiência e um repertório de táticas, sobre os quais se baseiam quando confrontam um incidente crítico. A mente desses oficiais funciona como uma rede que contém uma ampla variedade de contingências que eles encontraram ou aprenderam.

Quando eles se encontram em uma situação inédita, isso é imediatamente comparado com suas experiências armazenadas, e suas mentes encontram uma correspondência adequada. Assim, cada cenário fornece um quadro da situação e um itinerário para a ação.

Novamente, os conhecedores do NIMS podem criticar esse tipo de elaboração de *slides* mentais, afirmando que o treinamento será preestabelecido e já está inserido no sistema. Todavia, cabe salientar que o momento caótico ainda não conta com o apoio do NIMS/ICS, assim, a educação será prioridade e não o treinamento.

O treinamento basicamente molda o cérebro de uma pessoa para realizar uma tarefa específica da maneira que uma influência externa exija, enquanto a educação permite que a pessoa pense por si mesma.

Os policiais que primeiro atenderão os incidentes devem ter treinamento e educação, ao contrário do pensamento de muitas polícias, que treinam para diversas situações e pouco se preocupam em educar os operacionais. O treinamento de tiro, por exemplo, pode ser pautado em métodos muito eficientes de máxima preservação da vida quando o policial encontra um agressor. Contudo, somente a educação será capaz de influenciar o operador a pensar que haverá situações que ele nunca treinou, e o Estado — representado pelo policial — precisa, necessariamente, responder.

Outro aspecto importante a ser destacado é o entendimento, por parte do comandante do incidente, de que ele já está atrasado diante do cenário caótico. A compressão de tempo é uma realidade em incidentes policiais, e entender que algumas pessoas (incluindo vítimas) são capazes de realizar alguma medida acertada que pode colocar o comandante em vantagem.

Ocorre que não raramente o responsável opta por interromper todas e quaisquer ações e quebrar qualquer atividade por não entender o que está acontecendo. Devido ao sentimento de desconforto e incapacidade em compreender a situação, a busca pela consciência situacional pode fazer com que o comandante interfira diretamente e pare atuações positivas de subordinados ou civis envolvidos.

Este lapso temporal pode soar como contraditório, mas, na verdade, uma linha tênue separa a decisão precipitada da atrasada. O comandante do incidente não pode demorar para atuar (vide os motivos supracitados), ao mesmo tempo que antes de entender o que está ocorrendo, o que ele reconhece como já vivenciado, já visto em sua experiência, o que ele nunca viu, o que ele sabe, o que precisa saber e o que pode começar a fazer são questões primordiais e devem ser respondidas antes de querer resolver o caos.

Treinamento no momento do caos

Este trabalho preocupou-se em realizar algumas observações sobre treinamento e educação, mostrando inclusive que a educação pode abranger situações nunca dantes treinadas.

Ainda assim, as forças de segurança se preocupam atualmente em treinar situações dinâmicas e inesperadas quanto a procedimentos, técnicas e táticas, entretanto, existe uma falha notória quanto ao treinamento de comandantes de incidentes.

É exemplo internacional a criação de cursos que treinam policiais para responderem às táticas usadas em incidentes como os ataques em Mumbai, as capacidades de ação terrorista do Multi-Assault Counter Attack (MAC-TAC) (AGUILAR, 2018) que foram criadas, justamente, para responder aos desafios de incidentes muito violentos, dinâmicos e que envolvem uma combinação de múltiplos assuntos, vítimas e locais. Nesses cenários são comuns a presença de atiradores ativos, utilização de explosivos, captação de reféns, entre outras situações.

Apesar da diferença de complexidade e distância de Mumbai, existe uma realidade nacional bem parecida, conforme exemplo dado por Rodrigues (2019), sobre um evento ocorrido em Campinas/SP, Brasil. Mais de 20 homens armados com fuzis, metralhadoras e artefatos explosivos controlaram os arredores de uma empresa de transporte e guarda de valores. Articulados, planejados, destemidos, dividiram-se em equipes com funções complementares e possuíam um objetivo comum: roubar o dinheiro de uma fortaleza até então considerada intransponível.

Explodiram o transformador de energia da região atacada; subjugaram a parca segurança particular, a qual se encontrava no interior do estabelecimento; detonaram muros e paredes e acessaram a sala-cofre; seguraram à bala as tentativas de progressão dos policiais militares de plantão; impediram a circulação de novas viaturas para o combate ao crime; bloquearam estradas, vias e rodovias importantes com veículos em chamas e seguiram livres em sua rota de fuga.

Antes, as unidades eram treinadas para tomar medidas iniciais de controle e condução como: conter, isolar e estabelecer contato sem concessão — conforme estabelecido pelo obsoleto escopo de ensino da PMESP.

Os incidentes graves e a grande quantidade de sangue derramado fizeram a Ciência Policial compreender a necessidade de atuar preventivamente e com respostas imediatas, ou seja, o rápido e imediato uso de recursos para cessar a violência, sendo que uma equipe minimamente segura se move rapidamente em direção às fontes de violência — por exemplo, na direção dos ruídos produzidos por um fuzil que dispara —, passando por vítimas e pontos de perigo secundários com o objetivo de neutralizar o quanto antes as ameaças.

Os exemplos internacionais podem levar o leitor ao raciocínio de como a evolução foi necessária para que os operacionais possam resolver o quanto antes os incidentes que ceifam vidas.

Os exemplos nacionais são capazes de comprovar carência de medidas nesse sentido, pois, à medida que as ocorrências de roubo a empresa de transporte de valores, roubo a carro- forte, entre outras modalidades, crescem no país, os treinamentos e a educação parecem insistir na orientação de se formar um cerco e informar via rede de rádio, a qual não é integrada na ponta da linha, ou seja, adotar medidas de uma crise estática (doutrina trazida ao Brasil na década de 1990) para um incidente dinâmico.

Existem treinamentos para os operacionais que estão cotidianamente combatendo os ilícitos penais nas ruas, entretanto, nem nos países mais desenvolvidos, nem no Brasil, se discute o treinamento diferenciado para os oficiais que devem tomar decisões no momento do caos.

Nesse sentido, cabe atualizar a doutrina constantemente e trabalhar em conjunto com os cientistas policiais do ocidente sobre como treinar os comandantes do incidentes ao encontrar um "nevoeiro de guerra" e trazer essa realidade para uma área.

Consequentemente, priorizará uma lista de verificações, formulários, estruturas que permitam que diferentes agências trabalhem em conjunto para restaurar a ordem (NIMS).

E a maneira mais eficaz de aguçar a mente é por intermédio da educação construída em cenários realistas que instigam o aluno a envolver-se ativamente no curso do estudo.

Parece óbvio que esse processo de mudança cultural demanda de um processo interno para que a instituição absorva as atualizações que se apresentam, e os líderes institucionais possibilitem novos tipos de treinamentos, cursos, estágios e simulações com foco nos comandantes de incidentes.

A mudança deve considerar aplicação de cenários para que os policiais entrem no ambiente, ofereçam resposta rápida e adequada, verbalizem, atirem, entre outras medidas, as quais são relativamente bem aceitas na instituição.

Todavia, é acertado colocar essas situações diante do tomador de decisão, explicar o que ele pode e deve fazer, como fazer as perguntas corretas, como designar recursos, orientar-se, observar, decidir e tomar decisões.

Os comandantes locais devem entender que serão ferramentas para que os gestores se munam de informações centralizadas, integradas, e as decisões sejam adequadamente sinérgicas entre procedimentos, técnicas, táticas, estratégia e política.

Também é fato que o NIMS não é e nem tem como ser a resposta para tudo, pois existe uma lacuna anterior à sua aplicação chamada "momento do caos", espaço esse que pode abrigar muitas vítimas, muitos danos, crimes e muita confusão.

Nesse cenário caótico vale manipular, vale decidir rapidamente, vale ter sorte, mas não serão admitidas demora e nem falta de preparo do (s) oficial (is), mesmo sabendo que a situação pode sempre piorar.

Durante o processo de intervenção é imprescindível que o comandante do incidente entenda que pode demandar um certo tempo para superar o caos e que o sucesso não será necessariamente reestabelecer a ordem de imediato, mas rapidamente estruturar e manipular os elementos presentes para trabalhar com eficácia.

Os líderes nesse caso não serão donos das decisões, mas facilitadores para proporcionar um arranjo institucional na produção de processos efetivos de tomada de decisões e coordenação.

Em suma, o entendimento dos momentos de caos deve propiciar maiores chances de sucesso, caso contrário, a tentativa em aplicar o ICS/SICOE no primeiro momento do incidente será inócua.

Além disso, deve-se compreender que a resolução do incidente em si também não é o final, ou seja, os mecanismos para o debate e estudo de caso serão muito importantes para futuros treinamentos e futura educação, perpetuando para as próximas gerações algumas dificuldades que foram enfrentadas por inexperiência e não devem mais ser.

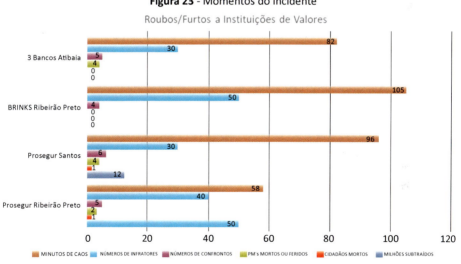

Figura 23 - Momentos do incidente

Fonte: os autores

Conforme se observa, o tempo despendido no momento do caos foi elevado, logo, não seria possível formar o ICS/SICOE nessa situação, cabendo ao comandante do incidente atuar de forma rápida, operando com a imagem situacional compartilhada e com consciência situacional, para evitar as mortes causadas, a omissão e sobreposição de recursos.

Esperamos chegar a um ponto em que crimes já enfrentados — a exemplo do roubo em empresa de transporte de valores — não mais sejam um desafio que custa vidas.

Dessa forma, é de fundamental importância o impacto financeiro em todo o sistema econômico que os incidentes envolvendo caixas eletrônicos, bases de segurança e carros-fortes interferem na economia, conforme Rodrigues (2019), e é de conhecimento comum que, no caso das empresas assaltadas, o prejuízo financeiro é suportado por seguradoras; excluindo-se, neste caso, as instituições financeiras. E, como bancos ou cooperativas de créditos não perdem dinheiro, o custo para se proteger de tantos ataques recai nos contribuintes na forma de taxas, juros e outras formas de compensação.

Apenas para ilustrar, a Federação Brasileira de Bancos (Febraban) investiu R$ 9 bilhões em segurança orgânica e soluções tecnológicas para defesa bancária, bem mais do que a totalidade orçamentária da Polícia Federal do Brasil em 2017, que foi de pouco mais R$ 6,1 bilhões.

Outro ponto importante abordado pelo autor é a questão social: as causas/consequências enfrentadas pelos moradores das cidades que sofrem com tiros de fuzil e explosões nas madrugadas.

Entretanto, o prejuízo social dos habitantes de cidades menores, que sofrem constantemente com esses atos de terror, é inestimável. Muitas pessoas são aposentadas e, diante da crise econômica do país, ainda arcam com o suporte financeiro de suas famílias, mas ficam impossibilitadas de sacar dinheiro em suas localidades enquanto estabelecimentos bancários explodidos não forem reconstruídos.

CAPÍTULO IV
O Atirador Ativo

Vários tipos de mídias trazem, praticamente todos os dias, notícias sobre jovens transtornados que atiram em seus colegas de escola, matando e ferindo vários, ou ex-funcionários de escritórios ou empresas que abrem fogo contra seus ex-patrões e ex-colegas de trabalho.

Pessoas que estão andando tranquilamente pelas ruas, ou passeando por pontos turísticos, em qualquer lugar do mundo, repentinamente, sem nenhum aviso, são atacadas e esfaqueadas ou atropeladas sem saberem o que está acontecendo.

Famílias relaxando e assistindo a uma sessão de cinema, ou passeando e fazendo compras em um *shopping center*, um lugar geralmente seguro e tranquilo, e, sem nenhum aviso, são atingidas por disparos de metralhadora ou surpreendidas pela detonação de um artefato explosivo, que mata e fere até centenas de pessoas em um único evento.

Assistindo a uma partida de futebol ou a um *show* de *rock* ou de *country;* frequentando um restaurante, uma boate; hospedando-se em um hotel; participando de uma competição esportiva; esses grupos de pessoas também podem ser vítimas.

Até mesmo na paz e santidade do interior de uma igreja cristã, ou de uma sinagoga, ou de uma mesquita, ou dentro de um templo budista, os fiéis são alvos de radicais extremistas ou de pessoas que têm problemas mentais, que disparam indiscriminadamente contra os frequentadores indefesos.

Figura 24 - Pedestre atropelado por uma SUV dirigida por um terrorista islâmico, em atentado na Ponte de Westminster, em Londres, próximo ao Parlamento (2017).

Fonte: jornal The Guardian

E quem são as vítimas? De todas as idades, de todos os gêneros, de todas as orientações sexuais, de todas as cores, de todas as raças ou nacionalidades, de todas as religiões, de qualquer posicionamento político ou nível social, econômico ou intelectual. Qualquer um pode ser uma vítima.

E quais os motivos para esses atiradores cometerem esses crimes? O que os levou a praticarem esses atos? Quais os objetivos? Podemos identificá-los antes de os ataques acontecerem? Como podemos prevenir? Como nos proteger? O que devemos fazer no caso de um ataque de Atirador Ativo?

Definições e características de um atirador ativo

Segundo o U.S. Department of Homeland Security (Departamento de Segurança Interna dos Estados Unidos), o atirador ativo *"é alguém que toma a iniciativa de matar ou tentar matar pessoas em ambiente delimitado e populoso; na maioria dos casos, os atiradores ativos usam armas de fogo sem nenhum padrão ou método definido para a seleção das suas vítimas"* (2018).

O Federal Bureau of Investigation (FBI), define atirador ativo como *"um indivíduo altamente empenhado em matar ou tentar matar pessoas em uma área populosa. As vítimas são escolhidas aleatoriamente. O evento é imprevisível e acontece rapidamente. Conhecimento é o que pode salvar vidas"* (2015).

Embora o termo atirador ativo seja o mais empregado, nem sempre esse tipo de criminoso utiliza-se de arma de fogo. Em eventos recentes, no Reino Unido e na França, os atacantes utilizaram-se de armas brancas, como facas, ou veículos, como carros e caminhões, para atingir turistas, transeuntes e polícias. Por isso, o termo é contestado de acordo com algumas fontes, que preferem chamar de assassino em massa ou assassino ativo. No Brasil, os casos de atirador ativo são chamados de massacre ou chacina.

Mas, e se durante o ataque ninguém é morto e as vítimas são apenas feridas? O indivíduo não pode ser considerado assassino. As motivações e os meios empregados podem ser tão variados ou serem combinados entre si, que, realmente, é difícil uma definição precisa. Sendo assim, no caso de o atacante não empregar arma de fogo no evento, pode ser usado o termo "agressor ativo".

O número de casos em que os atacantes utilizam facas, produtos inflamáveis ou outros instrumentos vem aumentando. Nos Estados Unidos, pela disponibilidade e facilidade em adquirir, legalmente, armas de fogo, em praticamente 95% dos casos de ataques são utilizadas armas desse tipo.

Em países onde há maior controle de armas de fogo, tanto legais quanto ilegais, como no Japão, no Reino Unido e na França, os ataques com armas de fogo também ocorrem, mas em menor proporção do que nos Estados Unidos. O emprego de outros meios é mais comum. As medidas contra terrorismo nesses países, que dificultam o acesso a armas de fogo, faz com que quem pretenda fazer um ataque terrorista prefira não portar armas, fazendo uso de armas brancas, que são mais discretas, para circular melhor entre a multidão e chamar menos atenção das forças de segurança. Ou, ainda, utilizar um veículo, como um caminhão pesado, que pode atropelar um grande número de pessoas.

No Brasil, onde o controle de armas legais era mais rigoroso até 2019, a maioria de casos de ataques foram realizados com armas de fogo, mas de origem ilegal, com casos de estudantes comprando revólveres, pistolas e até metralhadoras portáteis das mãos de criminosos, para realizar os ataques.

Dessa forma, como o termo "atirador ativo" já é amplamente conhecido e divulgado, principalmente fora do Brasil, o empregaremos de forma genérica, caracterizando aquele indivíduo ou indivíduos que, empregando arma de fogo, ou outros meios, tentam, ou conseguem, matar ou ferir, rapidamente, o maior número de vítimas escolhidas aleatoriamente, dentro de uma determinada área, fechada ou não, com grande número de pessoas.

Uma das diferenças de um atirador ativo para um assassino comum é que este selecionou uma pessoa ou mais como alvos específicos, e, a princípio, não quer atingir outras pessoas. Quando um indivíduo ataca além desses alvos específicos outras pessoas, que se tornam vítimas apenas pelo fato de estarem nesse local, temos um atirador ativo.

Voltamos a afirmar que é muito difícil estabelecer um padrão exato de características de um atirador ativo, pois depende da motivação, intenção e dos meios utilizados em cada evento.

Um atirador ativo pode atacar um grupo aleatório de pessoas somente para causar mortes, pânico e confusão, direcionando as forças de segurança e os serviços de emergência para um determinado local, enquanto o atirador ativo ataca livremente um alvo importante e selecionado, como uma determinada autoridade.

Um padrão seguido é que exista um grupo numeroso de pessoas sendo atacadas. E que no mínimo três delas sejam atingidas. Existem casos em que o atirador ativo escolhe um grupo determinado de pessoas, como militares ou policiais, mas não seleciona esses alvos individualmente.

Outra característica do atirador ativo é que, geralmente, ele age em um determinado local, por um curto período de tempo. Ele pode deslocar-se de um lugar para outro, fazendo vítimas, mas os ataques são contínuos, e ele está em plena atividade (por isso, o termo "ativo") antes de parar o ataque ou ser parado.

Um *serial killer* pode até agir como um atirador ativo, escolhendo aleatoriamente suas vítimas, mas a sequência, o intervalo e a repetição dos ataques irão determinar se ele será um assassino em série.

A característica principal do atirador ativo é que ele quer matar ou tentar matar o maior número de pessoas que ele conseguir, independente da sua motivação. A intenção principal dele não é matar para roubar, não é fazer reféns. Seu propósito é matar muita gente.

Isso não quer dizer que uma ocorrência de atirador ativo não possa se tornar uma ocorrência com reféns. Ou vice-versa. Pode ser que o atirador ativo faça, ou reúna, reféns, para executá-los em frente às câmeras de televisão, se sua intenção é ganhar visibilidade.

Ao contrário do que se imagina, nem todo atirador ativo é um suicida. Embora, em vários casos, ele queira ser morto pela polícia (*Suicide By Cop*) ou ele se mate ao ser cercado por agentes das forças da lei, em algumas situações, ele quer fugir, empreendendo fuga após atacar e matar ou ferir algumas pessoas, podendo fazer reféns para atingir seu intento.

Em outras situações, ele quer ser preso, pois terá um prazer duplo. Matar várias pessoas e desfrutar da popularidade que esse ato pode trazer a ele, principalmente se tiver algum transtorno mental ou agir impunemente, como no caso de países como o Brasil, em que menores de 18 anos não podem responder criminalmente por seus atos.

Nem sempre o atirador ativo age sozinho. Pode ter ajuda de outras pessoas no planejamento, na preparação ou na execução do ataque. Ou seja, podemos ter, durante um mesmo evento, em um mesmo local, vários atiradores ativos.

Quando há, simultaneamente, atiradores ativos atacando em lugares diferentes, agindo de forma coordenada, temos um incidente chamado de Múltiplos Ataques Coordenados (MAC).

As motivações e o perfil do atirador ativo

Até por haver muitos casos desse tipo, um dos motivos mais citados é a vingança. O autor ou os autores podem ser movidos por esse sentimento. Querem castigar, causar dor e sofrimento a pessoas ou grupos de pessoas. Podem ter intenções suicidas, de serem mortos pela polícia ou de se matarem após atingirem seus objetivos. Por exemplo, um adolescente vítima de *bullying* por colegas ou ex-colegas de classe que invade uma escola com armas de fogo, armas brancas e explosivos improvisados e mata ou fere vários estudantes, professores e funcionários, vingando-se dos abusos que sofreu e, ao ser cercado pela polícia, atira contra a própria cabeça.

Figura 25 - Momento em que um dos atiradores da escola de Suzano está prestes a atirar em estudantes. Imagens da câmera de segurança.

Fonte: Portal G1.Globo

Ou, então, um indivíduo que invade um local de trabalho querendo se vingar por haver sido demitido ou por ter tido uma decepção amorosa, ou por estar passando por uma crise financeira, atirando e matando quem encontrar pela frente além daquela pessoa que lhe causou sofrimento. E querendo ser morto ou dar cabo da própria vida, como forma de punição pelos seus atos, ou para dar um fim aos seus problemas.

O vigilante noturno de uma creche, aparentemente com problemas mentais, após invadir o local usando gasolina, ateia fogo em várias crianças com idades entre três e sete anos, professoras, funcionárias da creche e em si mesmo, causando a própria morte, além das mortes de 10 crianças, duas professoras e uma funcionária.

Em outros casos, o que motiva o ataque é atingir pessoas ou grupos de pessoas por ódio, intolerância, como racismo, homofobia, misoginia, xenofobia, ou outras formas de discriminação, ou para defender uma causa, difundir uma mensagem, ou pressionar as autoridades a tomarem uma determinada atitude. Podem ser motivos étnicos, políticos, religiosos ou contra determinados padrões de comportamento. Podem ou não estar ligados ao terrorismo, crime organizado ou fundamentalismo religioso ou político.

Temos então um cristão que invade uma mesquita, atirando e matando vários muçulmanos que estavam apenas orando. Um fundamentalista islâmico, pertencente a um grupo terrorista, que ataca com uma faca turistas em uma rua de Londres, ou atropela com um caminhão pessoas durante uma festa de rua na França, ou em uma feira na Alemanha.

Um atirador ativo que invade uma boate *gay* e atira contra os frequentadores com um fuzil automático e uma pistola, dizendo que estava agindo em nome de um grupo terrorista islâmico.

Um ataque de um grupo messiânico japonês ao metrô de Tóquio, utilizando um gás letal, que matou 13 pessoas e feriu centenas, para mostrar o poder do grupo e alcançar grande projeção.

Podem ser praticados também por indivíduos que querem publicidade, serem notados ou ficarem famosos, incluindo-se aí os chamados "lobos solitários", que agem sozinhos, mas em nome de uma determinada causa política ou religiosa, sem estar ligados diretamente a um grupo.

Um rapaz, ex-aluno de uma escola pública, que invade uma escola e atira contra várias crianças e vários adolescentes, sendo morto por policiais que chegaram ao local. Entre seus motivos, vingar-se do *bullying* que havia sofrido naquela escola, anos antes, e como forma de mostrar simpatia a um grupo terrorista islâmico ao qual ele não estava ligado.

Outro tipo de atirador ativo que quer publicidade é o chamado *"copycat"*, ou imitador, que, para "homenagear" outro atirador ativo, imita a forma como foi cometido o ataque ou procura atingir o mesmo grupo de pessoas.

Existem atiradores ativos que não precisam de motivação específica para cometer ataques, querendo participar de um "jogo" ou simplesmente mostrar sua insatisfação com a sociedade.

Um jovem estudante de medicina durante uma sessão de cinema, dentro de um *shopping*, utilizando uma submetralhadora, dispara contra a plateia matando três pessoas e ferindo outras quatro. Um dos motivos alegados é que "vozes" dentro de sua cabeça o obrigaram a matar pessoas.

Transtornos mentais

Pessoas que praticam esses atos são normais? Somente perigosos e insanos psicopatas podem ser tornar atiradores ativos? As causas que levam uma pessoa a não ter uma exata percepção da realidade, a não conseguir comunicar-se ou socializar-se com outras pessoas ou não raciocinar logicamente, ou não ter empatia ou não conseguir conter instintos imorais ou violentos são várias.

A medicina define esses problemas como transtornos mentais, com causas físicas ou psíquicas, influenciadas pelo ambiente ou por fatores externos ou causadas por alterações genéticas, provocando disfunções no funcionamento da mente, podendo acometer qualquer pessoa, em qualquer idade, ocorrendo também por estresse, uso de bebidas alcóolicas, substâncias entorpecentes ou por traumas, causando, ansiedade, depressão, esquizofrenias e delírios psicóticos. As causas geralmente não são simples, havendo, possivelmente, mais de um fator que poderá provocar esse transtorno.

Pessoas normais, podem, repentinamente, apresentar algum tipo de transtorno mental por variadas causas. Podem ocorrer surtos, episódios ou um longo e contínuo período de instabilidade, em que a pessoa não se comporta ou age como normalmente faria. Em alguns casos, atiradores ativos afirmaram terem sido oprimidos e obrigados a realizar os atos que cometeram como forma de "libertação", inclusive com alguns relatos de "vozes" que diziam o que eles tinham que fazer.

No entanto, nem todos os atiradores ativos sofrem de um transtorno mental que os torne inimputáveis ou semi-imputáveis, de forma que não tenham consciência ou noção da gravidade e das consequências dos seus atos.

E aí temos a figura do psicopata. Segundo o livro *Como Identificar um Psicopata* (DAYNES e FELLOWES, 2012), o termo psicopata significa "mente doente". Psicopatas não são dementes, possuindo total controle e consciência do seu comportamento. A psicopatia tem diversos níveis, com comportamentos que podem sofrer variações, dependendo do grau. Os psicopatas não são loucos, mas podem ser extremamente maus.

Citamos algumas características dos psicopatas: serem frios, calculistas, não terem empatia, não conseguirem nutrir bons sentimentos sobre outras pessoas, mas sentimentos como ódio podem ser exagerados ao extremo. Podem ser muito inteligentes, refinados e até mesmo possuir uma personalidade sedutora. Costumam ser dissimulados, transmitindo segurança e conseguindo relativo sucesso em determinadas empreitadas, mas não conseguem manter o foco durante muito tempo.

A história está cheia de psicopatas que possuíam um grande poder de sedução, acompanhado de doses exageradas de agressividade e violência. Stalin, Hitler, Saddam Hussein, apenas para citar alguns. Para grandes grupos de pessoas, esses homens eram ídolos, heróis. Mas atingiram seus objetivos de forma cruel e violenta sem sentir remorsos ou pena de suas vítimas.

Paul Roland, autor inglês, em seu livro *Por dentro das mentes assassinas - A história dos perfis criminosos*, ao traçar o perfil de um psicopata, afirma que pesquisas recentes em psicopatologia sugerem que os psicopatas não possuem padrões comportamentais muito diferentes da média das pessoas. Essas diferenças poderiam ser resultado tanto de uma herança genética quanto de um aprendizado comportamental (ROLAND, 2009).

A psiquiatra brasileira Ana Beatriz Barbosa Silva, no livro *Mentes perigosas, o psicopata mora ao lado*, demonstra que existem muito mais psicopatas do que imaginamos. Ela cita a classificação americana de transtornos mentais (DSM-IV-TR), na qual a prevalência geral do transtorno da personalidade antissocial ou psicopatia é de cerca de 3% em relação aos homens e 1% em relação às mulheres, em amostras comunitárias (excluindo pessoas presas ou internadas por transtornos mentais, em que as porcentagens são muito mais altas).

Isso equivale a dizer, segundo Ana Beatriz, que, diante dessa porcentagem, entre 100 pessoas que vemos nas ruas, três ou quatro possuem algum nível de psicopatia. Em um evento, lotando o estádio do Maracanã, com 80.000 pessoas, teríamos presentes cerca de 3.000 psicopatas (SILVA, 2008).

Não quer dizer, no entanto, que todo psicopata pode se tornar um atirador ativo. Mas a grande maioria dos atiradores ativos apresenta um grau de psicopatia.

O *Bullying*

Outro motivo recorrente, que tem a ver com motivação psicológica para alguém se tornar um atirador ativo, principalmente entre pessoas jovens, é o *bullying*. O termo vem da palavra inglesa *bully* que quer dizer agressor, brigão. Daí o verbo *bullying*, que podemos traduzir para o português como intimidar, importunar, maltratar alguém. Existe também a palavra em português bulir, que significa mexer e figurativamente pode ser interpretada como implicar, caçoar.

O *bullying* acontece quando se praticam atos violentos, intencionais e repetitivos contra uma pessoa, humilhando, intimidando ou agredindo, física e psicologicamente. Pode ser praticado por um indivíduo ou por grupos chamados de *bullies* ou agressores ou assediadores.

O *bullying* geralmente é praticado contra alguém que apresenta alguma diferença da maioria das pessoas de um grupo. Os motivos podem ser vários. Alguma deficiência física ou mental, aparência física, altura, peso, ter cabelo ou não, idade, sexo, raça, cor, nacionalidade, orientação sexual ou religiosa, condição econômica ou cultural, ou simplesmente tipos de comportamento ou reação a determinada situação. Ou seja, se apresenta alguma diferença do grupo, é provável candidato a ser vítima de *bullying*. A ideia milenar do filósofo grego Aristóteles de que "o homem é um animal social", que necessita participar de grupos, e tudo que está fora desse grupo é visto como ameaça, tem seu lado bom e seu lado ruim.

Por isso, o *bullying*, infelizmente, é tão comum, e pode ocorrer em vários ambientes. Dentro de casa, na família, na escola, no trabalho, no clube, enfim, em qualquer tipo de grupo social. Existe até mesmo uma prática conhecida como *ciberbullying*, em que a pessoa é atacada pelas mídias sociais.

Na maioria dos casos, aquele que pratica *bullying* exerce algum tipo de poder no grupo ou quer manter um *status* social. É o mais alto, o mais forte, o mais inteligente, o atleta, o mais rico ou mais bonito. E precisa demonstrar poder agredindo, discriminando ou dominando outras pessoas, para se sobressair no grupo.

E esta forma de interpretar o *bullying*, como forma de convívio social, embora totalmente reprovável, explica também porque a maioria das pessoas não interfere e até mesmo incentiva os ataques do *bullying* e não sente compaixão ou tenta ajudar a vítima. No íntimo delas, aprovam a conduta do agressor, pois encaram a vítima como algo fora do grupo, que merece ser discriminado.

Isso também reflete em uma forma antiga de *bullying*, que faz parte de um "ritual de iniciação" que conhecemos como "trote". A pessoa passa por humilhações e agressões para ser aceito em um determinado grupo, em uma faculdade, em uma equipe, em um clube, um grupo militar. É uma fase de transição para ser aceito dentro de um grupo.

Embora seja mais comum de ocorrer no ambiente escolar, e os piores efeitos aconteçam em crianças e adolescentes que estão em fase de formação moral, comportamental e social, o *bullying* pode acontecer também em ambientes de trabalho, entre adultos, em que o assédio moral que um patrão usa contra um empregado é uma demonstração de força e poder, para mostrar para o grupo "quem manda".

Um dos primeiros pesquisadores a estudar o *bullying* no ambiente escolar, lá pela década de 1970, foi o sueco Dan Olweus, com seu livro *Bullying at School: what we know and what we can do* (Bullying na escola: o que nós sabemos e o que nós podemos fazer), no qual define e descreve o fenômeno discorrendo sobre suas causas e seus efeitos e quais deveriam ser as providências para acabar com isso (OLWEUS, 2002).

Ana Beatriz Barbosa Silva abordou o *bullying* na escola em seu livro *Bullying: mentes perigosas nas escolas,* em que explica essa relação entre as vítimas de *bullying* e seus agressores, alunos e professores (sim, professores também fazem *bullying*) e o efeito danoso que isso pode causar. As formas de identificar e amparar quem sofre *bullying* e a maneira de abordar o assunto com pais, professores e alunos (SOUZA, 2017).

A maioria das pessoas não passam por *bullying* por se enquadrarem perfeitamente no grupo social a que pertencem. Não são "diferentes". Nem toda pessoa que sofre *bullying* apresenta sequelas, até porque pode ser apenas uma fase de adaptação para pertencer ao grupo. Logo ela vai apresentar as características para ser plenamente aceita.

Algumas pessoas vão apresentar sequelas permanentes — psicológicas e emocionais — e que podem afetá-las também fisicamente. Mas isso não quer dizer que serão psicopatas ou atiradores ativos.

Aí uma dúvida, o comportamento antissocial e o isolamento são causas ou efeitos do *bullying*? A pessoa sofre *bullying* porque é "esquisitão" ou é "esquisitão" porque sofreu *bullying*? As duas coisas acontecem.

A evolução social dos últimos 50 anos mudou muito alguns comportamentos. O *bullying* deixou de ser aceitável e se tornou uma coisa extremamente reprovável. O racismo, a homofobia, a discriminação étnica ou religiosa, hoje em dia, na maioria dos países, como no Brasil, são crimes.

Até alguns anos atrás, praticar *bullying* contra o único "neguinho" da sala de aula ou discriminar o rapaz afeminado ou o caipira do interior de Minas Gerais, com seu sotaque, ou o nordestino "cabeça-chata" era plenamente aceitável. Gerações inteiras foram ensinadas, pela televisão, que fazer *bullying* era "engraçado".

E aí temos um ciclo. Quem sofreu *bullying*, em algum momento, pode praticar contra outra pessoa, repetindo um comportamento violento e inapropriado.

E se a vítima de *bullying* é um psicopata? Ele pode nem se sentir discriminado, triste ou intimidado. A reação de um psicopata geralmente é se isolar mais ainda do grupo. E, em muitos casos, ficar imaginando, até mesmo por anos, a forma de se vingar, de punir os agressores e o grupo inteiro. Existe até um termo novo, bullycídio, para o assassinato cometido contra pessoas que supostamente cometeram *bullying*.

O perfil introspectivo, a falta de interação social , problemas com aparência física e autoestima levam a uma situação que acomete principalmente homens jovens que se autodenominam, nos Estados Unidos, de "***incel***", que seria uma corruptela da expressão em inglês "*involuntary celibates*" que podemos traduzir como celibatários involuntários.

Estes ***incel*** não conseguem, por serem tímidos demais ou agressivos demais, ter relacionamentos amorosos com as mulheres e nem mesmo fazer sexo eventual. Por isso, se tornam, sem querer, celibatários. Isso, para os homens, principalmente na fase da adolescência, atinge a autoafirmação e até mesmo a masculinidade do jovem. Eles podem desenvolver sentimentos de extremo ódio contra as mulheres, com atitudes agressivas, ameaças, assédio e ataques sexuais e até mesmo feminicídio, provocado por sentimentos de misoginia.

Existe toda uma linguagem própria que ronda o ***incel***. Por exemplo, "chad" é o rapaz bonito e atlético que se dá bem com as mulheres. Ou seja, um inimigo natural do ***incel***. Tudo o que ele não é. E o objeto de seu ódio é a "stacy", ou seja, uma mulher sexualmente ativa.

Relatórios sobre casos de atiradores ativos nos Estados Unidos

Em 2014, o FBI publicou um relatório intitulado "Estudo de Incidentes de Atirador Ativo nos Estados Unidos entre 2000 e 2013. Foram analisados 160 incidentes de atirador ativo ocorridos nos Estados Unidos durante esse período.

Em uma primeira fase, o foco foram as informações sobre o incidente, como local, duração e resultado (quantas vítimas e que o aconteceu com o atacante).

Em uma segunda fase, o estudo focou o comportamento dos atacantes antes do incidente, para procurar saber o motivo para que eles realizassem o ataque. O estudo foi chamado de "A Study of the Pre-Attack Behaviors of Active Shooters in the United States Between 2000 and 2013" (Um Estudo do Comportamento Pré-Ataque de Atiradores Ativos nos Estados Unidos, entre 2000 e 2013).Os 63 casos de atiradores ativos analisados não deram uma resposta padrão à motivação dos ataques.

Desses 63 casos, em apenas 25% deles o atirador ativo apresentava alguma doença mental, e em apenas três deles foi diagnosticado com um distúrbio psicótico. Entretanto, dentro dos 63 casos, em média, quatro em cada cinco atiradores ativos mostraram, antes dos ataques, comportamentos como dificuldade em manter relações sociais, isolamento e demonstração de agressividade.

Esses comportamentos diferentes, em menores de 18 anos, foram notados mais pelos colegas de escola ou professores do que pelos familiares. Em maiores de 18 anos, o comportamento alterado foi notado principalmente pela esposa ou pelo companheiro.

Na amostra de 63 casos estudados, 59 (94%) foram cometidos por homens e apenas 4 (6%) por mulheres. Portanto, é menos comum, mas não impossível, que mulheres sejam atiradoras ativas.

Com relação à idade dos atacantes, 13% tinham entre 12 e 17 anos; 25% tinham entre 18 e 29 anos; 9% entre 30 e 39 anos; 29% entre 40 e 49 anos; 13% entre 50 e 59 anos; 9% com idade entre 60 e 69 anos; e 2% acima de 70 anos. Ou seja, 72% com idades acima dos 30 anos, teoricamente mais maduros, responsáveis e estáveis.

Figura 26 - Dados sobre a idade dos atiradores ativos nos ataques nos Estados Unidos, entre 2000 e 2013.

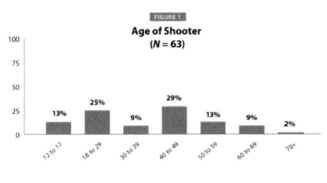

Fonte: FBI

Dessa amostra de 63 casos, ainda, 63% dos atiradores ativos eram brancos, 16% negros, 10% asiáticos, 6% hispânicos, 3% do Oriente Médio e 2% de nativos americanos (índios).

Dos 55 casos em que o atirador ativo era maior de 18 anos, 44% estavam empregados; 38% empregados; 7% eram estudantes; 4% aposentados; 4% outras respostas; 2% inválidos; e 2% sem informações.

Deve ser ressaltado que, nos casos estudados, dentre os atiradores ativos empregados, havia tanto aqueles com profissões mais modestas, como faxineiro, vendedor, caixa, como profissionais liberais, como médicos, dentistas e advogados e até mesmo militares da ativa das forças armadas americanas.

Um dado interessante sobre comportamento agressivo é que dos casos de atiradores ativos estudados, 39 (62%) tinham um histórico de cometer abusos, assédio ou comportamento opressivo (principalmente no local de trabalho); outros 10 (16%) já tinham cometido violência contra seus parceiros; e 7 (11%) já tinham sido acusados de perseguir alguém.

O mesmo estudo aponta que, dos 63 casos, 30 (48%) atiradores ativos apresentaram pensamentos ou comportamentos suicidas algum tempo antes do ataque.

Outra coisa que podemos verificar nessa pesquisa é que, normalmente, o atirador ativo não ataca de uma hora para outra, levando algum tempo para planejar o ataque. Em 34 casos, em que se conseguiu fazer esse levantamento com relação ao planejamento do ataque, verificou-se que em 12% deles o tempo utilizado foi menos de 24 horas; em outros 12%, de 1 a 7 dias; 15% levaram de 8 a 30 dias para planejar; 26% demoraram entre 1 e 2 meses; 18%

entre 3 e 5 meses; 9% entre 6 e 12 meses; e 9% entre 13 e 24 meses.

Os estudos produzidos pelo FBI sobre atiradores ativos também abrangem um relatório sobre o período de 2014 a 2015, e outro de 2016 a 2017. No começo de 2019 foi publicado o relatório de "Incidentes de Atirador Ativo nos Estados Unidos em 2018".

Esse relatório analisa 27 casos ocorridos nos Estados Unidos em 2018 e classificados pelo FBI como atirador ativo, que estariam utilizando armas de fogo, excluindo os casos em que foram utilizadas somente facas, por exemplo. Esses 27 eventos ocorreram em 16 estados americanos, sendo que na Califórnia houve o maior número, 4 incidentes.

Nesses incidentes, foram mortas 85 pessoas, entre elas, 2 policiais e 1 agente de segurança privada. Foram feridas 128 pessoas, entre elas, 6 policiais. O maior número de vítimas, em uma mesma ocorrência, foram 17 mortos e 17 feridos, em uma escola na Flórida.

Dos atiradores ativos, 23 eram homens, 3 mulheres e 1 indivíduo de gênero desconhecido. O mais novo deles tinha 13 anos e o mais velho 64.

Nos 27 casos, 10 atiradores cometeram suicídio, 11 foram presos pela polícia, sendo 6 no local do ataque e os outros 5 posteriormente foram detidos, 4 deles foram mortos por policiais, 1 foi morto por cidadãos e 1 possivelmente fugiu, não sendo identificado.

Outra informação é que 9 desses incidentes terminaram com uma troca de tiros entre o atirador e a polícia. Nessa amostra estudada, em 5 casos, cidadãos confrontaram o atirador, sendo que, em um deles, um professor lutou contra o atirador ativo, imobilizou-o e o entregou a polícia. Em outro caso, 2 cidadãos, legalmente armados, atiraram e mataram o agressor.

Em 2014, o Police Executive Research Forum (Fórum Executivo de Pesquisas Policiais), localizado em Washington D.C., publicou o estudo "Resposta Policial a incidentes de Atirador Ativo". O relatório do estudo abrangeu o período entre 2000 a 2010, nos Estados Unidos, contabilizando 84 casos de atirador ativo em que foram utilizadas apenas armas de fogo.

Foi analisado o que aconteceu com o atirador ativo antes e depois da chegada da polícia ao local do ataque. Dos 84 casos, em 41 deles o atirador ativo parou de matar antes da chegada da polícia. Desses 41, em 25 deles o atirador parou por si só, sendo que em 21 o atirador se matou, e em 4, ele fugiu. Ainda nesses 41 casos, antes de a polícia chegar, em 16 deles o atirador foi parado pela reação das vítimas, que em 3 casos atiraram contra o atacante e em 13 casos conseguiram subjugá-lo.

Dos 43 casos restantes, após a chegada da polícia ao local do ataque, em 19 o atirador parou por si próprio, sendo que em 13 ele cometeu suicídio e em 6 deles o atirador rendeu-se à polícia. Pela ação da polícia, após chegar ao local, 24 atiradores ativos foram parados, 17 deles por disparos efetuados pela polícia e 7 deles foram subjugados pelos policiais.

O estudo do Police Executive Research Forum indica que, dos 84 casos analisados na amostra, em 60% deles o atirador ativo, pelo que foi possível observar, carregava uma arma de porte, como uma pistola ou um revólver. Em 27% deles levava um fuzil ou uma carabina. E, em 9%, ele carregava uma espingarda. Mas em 41% dos casos o atirador ativo levava mais de uma arma de fogo. Em 2% dos casos, ele também levava explosivos, e em 4% dos casos os atiradores ativos usavam coletes à prova de balas.

Podemos concluir que existem muitos motivos que podem levar alguém a ser um atirador ativo. E essa pessoa pode ser qualquer um — criança, velho, homem, mulher, empregado, desempregado, transtornado mentalmente ou totalmente lúcido, extremista religioso, radical homofóbico, misógino, religioso ou um trabalhador pai de família.

No entanto, podemos observar que, na maioria dos casos, o atirador ativo dá indícios de que algo não está bem com ele antes de cometer os ataques, seja por seu comportamento antissocial ou por intensa atividade como, por exemplo, ficar por horas na internet.

Às vezes, ele posta ameaças e demonstra seu ódio contra alguém ou expressa pensamentos suicidas. Ou ele pode estar procurando por casos de atiradores ativos, tipos de armas ou explosivos improvisados, preparando-se para atacar. Pode também estar conversando com grupos extremistas que podem estar fazendo seu aliciamento ou o orientando como agir.

Quais lugares podem ser atacados por atiradores ativos e como eles agem

Da mesma forma que existem várias motivações e vários perfis dos atiradores ativos, os lugares por eles atacados e os meios empregados para matar ou ferir as vítimas podem ser variados.

Para exemplificar, faremos um resumo de alguns casos. Não se trata de um "estudo de casos", que mereceria uma análise mais profunda e detalhada e demandaria um livro só para isso.

Casos como os de Bombaim, na Índia, em 26 de novembro de 2008, onde militantes islâmicos atacaram, simultaneamente, uma estação ferroviária, dois hotéis, instalações policiais, cinemas, hospitais e outros lugares, principalmente frequentados por pessoas de origem ocidental e cristãos, matando 179 pessoas e ferindo mais de 600, não serão aqui exemplificados, pois se tratam de casos mais complexos, conhecidos como Múltiplos Ataques Coordenados (MAC).

Além disso, as fontes de consulta são, principalmente, notícias da imprensa, e não de relatórios oficiais, podendo haver algumas divergências com relação a alguns fatos e números. Abordaremos, nesta subseção, casos de fora do Brasil, e, na subseção seguinte, os casos brasileiros.

Estabelecimentos de ensino (creches, escolas e universidades)

Universidade do Texas

Embora pareça uma situação nova, que acontece apenas de uns anos para cá, um dos casos mais emblemáticos de atirador ativo, e um dos primeiros a ser amplamente documentado, ocorreu em 1º de agosto de 1966, no *campus* da Universidade do Texas, em Austin, Texas, nos Estados Unidos.

Charles Joseph Whitman, ex-aluno da faculdade e ex-fuzileiro naval (Marinha) dos Estados Unidos, na época com 25 anos de idade, subiu na torre do relógio do *campus* da universidade, com 27 andares de altura, levando várias armas, inclusive um rifle de caça e muita munição e, durante cerca de 90 minutos, disparou em várias pessoas, matando 14 e ferindo 32 pessoas, até ser morto por policiais que invadiram o topo da torre.

Whitman foi escoteiro modelo durante a infância. Com 18 anos ingressou no U.S. Marine Corps. Teve uma boa pontuação nas avaliações de tiro. Nunca esteve em combate e teve problemas disciplinares durante seu serviço de cinco anos na corporação, mas deu baixa com honra.

Durante o período de serviço militar, ele frequentou a Universidade do Texas, onde se formou em engenharia arquitetônica. Segundo um colega de universidade, em 1962, ele teria olhado para a torre do relógio e comentado com esse colega: "Uma pessoa consegue derrubar um exército, do topo de uma torre, antes de alguém o apanhar", o que foi encarado como um comentário "bobo".

Em agosto de 1962, Whitman casou-se com Kathleen Francis Leissner. Em 1965, Whitman comentou com amigos que havia batido duas vezes na esposa, mas estava arrependido.

Em maio de 1966, os pais de Whitman se separaram, e sua mãe foi morar perto de sua casa. Ele passou a abusar de anfetaminas e reclamava constantemente de fortes enxaquecas.

Na madrugada do dia 1º de agosto de 1966, Whitman foi à casa da mãe e a matou a facadas. Depois voltou a sua casa, matou a esposa também com uma faca, terminou a carta de suicídio que estava escrevendo, colocou as armas, munições e o material que já tinha separado dentro de uma caminhonete, vestiu um uniforme camuflado e dirigiu-se para a Universidade do Texas

Na subida para o topo da torre, Whitman encontrou duas famílias, cerca de nove pessoas, que visitavam o observatório lá existente. Disparou contra elas, ferindo ou matando a maioria.

Depois, posicionou-se e abrigou-se no alto da torre começando a disparar com o rifle contra as pessoas que circulavam pelo *campus*, até ser morto por policiais que subiram até lá e abriram fogo contra ele.

Lembrando que naquela época ainda não existiam protocolos para a polícia atuar em situações desse tipo.

Universidade de Garissa

Em 2 de abril de 2015, na Universidade de Garissa, no Quênia, às 5h30min da manhã, cerca de 30 terroristas do grupo militante islâmico Al-Shabaab atacaram o *campus,* mataram dois seguranças e invadiram os dormitórios. Identificando os alunos que eram cristãos, passaram a disparar contra eles, poupando quem era muçulmano. A alegação deles era que a região era de domínio muçulmano e os cristãos deveriam ser expulsos.

As forças de segurança quenianas chegaram à universidade horas depois, iniciando um grande tiroteio e obrigando os atacantes a fugirem. Foram mortas 147 pessoas, inclusive 4 terroristas e mais de 200 pessoas ficaram feridas. Ao contrário de ataques de atiradores ativos nos Estados Unidos ou na Europa, ataques desse tipo, em países como o Quênia, têm pouca repercussão.

Universidade de Ohio

Em 28 de novembro de 2016, na Universidade Estadual de Ohio, em Columbus, Estados Unidos, Abdul Razak Ali Artan, um refugiado somali, atacou estudantes e professores no *campus* da Universidade de Ohio, utilizando uma faca para golpear e um carro para atropelar; conseguiu ferir 13 pessoas antes de ser morto por tiros da polícia. Nas investigações, chegou-se à conclusão de que ele teria agido motivado por uma propaganda do Estado Islâmico (EI), para ataques contra "infiéis" ao redor do mundo, utilizando veículos para atropelar, inspirado em um ataque anterior na cidade de Nice, na França.

Escola Primária Ikeda

Em 8 de junho de 2001, na Escola Primária Ikeda, na província de Osaka, no Japão, por volta das 10h15min, o ex-zelador Mamoru Takuma entrou na escola e, utilizando uma faca de cozinha, atacou alunos — crianças com idades entre 7 e 8 anos —, matando 8 e ferindo 13 outras crianças, e 2 professores. Foi preso pela polícia e diagnosticado com transtorno de personalidade paranoica e executado por enforcamento, em 14 de setembro de 2004.

Escola de Columbine

Um dos casos mais marcantes de atirador ativo, pelo impacto que causou na mídia e pelas mudanças que provocou nos protocolos de atendimento e no Sistema de Comando de Incidentes nos Estados Unidos, aconteceu em 20 de abril de 1999, na Columbine High School, em Columbine, Colorado, nos Estados Unidos.

O ataque foi cometido por dois alunos da escola, Eric Harris, de 18 anos, e Dylan Klebold, de 17 anos, utilizando diversas armas de fogo, como duas espingardas calibre 12, uma carabina semiautomática Hi-point 995 de 9mm e uma pistola semiautomática TEC 9, também 9mm, com carregadores de alta capacidade (trinta tiros), além de 99 artefatos explosivos ou incendiários improvisados e grande quantidade de munição para as armas.

O ataque durou cerca de 40 minutos e resultou em 13 alunos mortos e outros 23 alunos e 1 professor feridos. A maioria das vítimas tinha entre 16 e 18 anos de idade. Os atiradores ativos cometeram suicídio.

O comportamento dos dois atiradores já chamava a atenção bem antes do ataque. Desde 1996, Eric Harris tinha um site, na internet, onde já mantinha manuais de como fazer explosivos improvisados. Em 1997, ele passou a postar em um *blog* mensagens de ódio contra a sociedade e o desejo de matar quem o importunava, fazendo uma lista com os nomes e dizendo que já tinha fabricado explosivos.

Em 30 de janeiro de 1998, Eric e Dylan foram presos por furtarem equipamentos do interior de uma van. Foram condenados, como menores de idade, a assistirem a aulas em um curso de reeducação juvenil.

Figura 27 - Os dois atiradores da escola em Columbine procuram novas vítimas. Tudo registrado pelas câmeras de segurança da escola.

Fonte: Revista Veja

Em março de 1998, através de uma denúncia da mãe de um colega de Eric, a polícia tomou conhecimento do material do site e consideraram Eric perigoso. No entanto, não foram tomadas providências para interrogá-lo e apreender o material armazenado em seu computador.

Eric passou por um psiquiatra nessa época, pois apresentava sintomas de raiva, depressão e pensamentos suicidas, e o médico receitou antidepressivos.

Tanto Eric quanto Dylan escreveram em seus diários, que posteriormente foram apreendidos, que sofriam *bullying* por parte de outros alunos da Escola Columbine, expressando ódio e desejo de vingança, principalmente contra os atletas da escola que, segundo eles, eram quem mais os perseguiam.

Nos meses finais de 1998, eles passaram a se dedicar a produzir explosivos improvisados e a comprar as armas que utilizariam no ataque, já preparando e planejando o que iriam fazer.

No dia do ataque, 20 de abril de 1999, os dois colocaram as armas e os explosivos em seus carros, para iniciar o ataque. Para causar uma distração e empenhar a polícia e os serviços de emergência, colocaram uma bomba, com dispositivo de tempo, marcada para explodir às 11h14min em um campo a alguns quilômetros da Escola Columbine. Ao ser detonada parcialmente, a bomba causou um pequeno incêndio, controlado pelos bombeiros.

Às 11h10min, Eric e Dylan chegaram à escola e colocaram algumas bombas ajustadas para explodir nos minutos seguintes, em pontos estratégicos. Às 11h19min, eles passaram a atirar nos alunos que se encontravam na entrada oeste da escola.

Às 11h22min, o policial Neil Gardner, designado para fazer a segurança na Escola Columbine, encontrava-se no estacionamento do lado leste da escola e foi acionado pelo rádio por um zelador, que lhe disse que algo estava acontecendo na entrada oeste.

Gardner dirigiu-se rapidamente para o local, e, às 11h24min, quando se aproximava da entrada oeste, foi avistado por Eric Harris, que atirou contra ele, ao que Gardner respondeu aos tiros, mas, devido aos quase 60 m de distância que os separavam, nenhum dos dois foi atingido. Gardner então informou pelo seu rádio que estava havendo um tiroteio na escola e que precisava de apoio, permanecendo do lado de fora do prédio.

Às 11h26min, outro policial, Paul Smoker, chegou para apoiar Gardner, trocando tiros com Eric Harris, que ainda se encontrava na entrada oeste, mas, novamente, um não atingiu o outro. Os dois policiais decidiram resgatar estudantes feridos que estavam no gramado e aguardar a chegada de mais apoio.

Mesmo com a rápida intervenção de Gardner, que, cinco minutos após Eric e Dylan terem disparado os primeiros tiros, chegou ao local e trocou tiros com Eric Harris, os dois atiradores ativos já tinha matado 2 pessoas e ferido outras 10. A atuação de Gardner fez com que Eric e Dylan parassem, por poucos minutos, de atirar nos alunos e permitiu que professores evacuassem vários alunos que se encontravam escondidos na lanchonete.

Às 11h29min, Eric e Dylan, após terem atirado dezenas de vezes, recarregando diversas vezes suas armas, e lançado algumas bombas, foram até a biblioteca da escola, onde vários alunos estavam escondidos, principalmente embaixo das mesas. As câmeras de segurança da escola registraram cenas bizarras dos dois atiradores ativos andando tranquilamente pela biblioteca e "caçando" novas vítimas.

As imagens mostram os dois atiradores se abaixando e atirando contra os jovens indefesos, as vezes conversando com alguns deles para, no instante seguinte, atirarem, principalmente contra suas cabeças. Parecia que Eric e Dylan estavam de divertindo com a situação. Eles mataram 10 pessoas e feriram outras 12 antes de saírem da biblioteca, às 11h36min.

Das 11h37min até as 12h07min, Eric e Dylan circularam pelo interior da escola procurando novos alvos e detonando algumas bombas. Às 12h08min, os dois cometeram suicídio. Eric, usando uma espingarda calibre 12, atirou no próprio céu da boca, e Dylan, usando uma INTRATEC 9, deu um tiro na própria cabeça. Especula-se que se mataram ao perceberem a chegada da SWAT.

As investigações posteriores encontraram vários vídeos nas casas de Eric e Dylan em que eles descreviam como conseguiram as armas e como fizeram os explosivos. Havia também um vídeo, gravado cerca de 30 minutos antes do ataque, em que os dois se despedem de suas famílias, praticamente anunciando que iriam morrer.

As equipes da SWAT chegaram à escola às 12h00min, auxiliando as equipes de emergência médica a evacuar os feridos que tinham saído do interior do prédio. Às 13h00, novas explosões foram ouvidas dentro da escola, provavelmente bombas-relógio. Às 13h09min, as equipes da SWAT entraram na escola efetuando varreduras em todas as salas, evacuando sobreviventes que ainda estavam escondidos e socorrendo feridos. A escola foi vasculhada pela equipe antibombas, que localizou vários artefatos explosivos ainda não detonados, só liberando o local às 10h00 do dia seguinte.

Esse evento foi muito traumático para a sociedade americana pela sua violência, por ter acontecido em uma escola, pela idade das vítimas e dos atiradores ativos, pelos tipos de armas por eles utilizados e o emprego de vários explosivos improvisados.

Provocou debates sobre *bullying* nas escolas, sobre a segurança em estabelecimentos de ensino e sobre um maior controle para venda e posse de armas de fogo. A polícia também aprendeu muito com esse caso. Os protocolos tiveram que ser revistos. Os primeiros policiais que atenderam ao chamado, embora chegassem rapidamente ao local, seguiram o protocolo existente na época de conter e isolar. Não entraram no prédio para confrontar os atiradores ativos, porque as normas diziam que isso deveria ser feito pelas equipes especializadas. Policiais comuns só deveriam cercar o local e aguardar a chegada da SWAT.

A demora da SWAT em chegar ao local e adentrar o prédio também foi objeto de análise. Muito se questionou sobre as causas da demora para entrar no prédio. Se os policiais comuns tivessem entrado imediatamente no prédio ou se a SWAT não tivesse demorado tanto para agir, talvez o ataque produzisse menos vítimas.

Outros fatores analisados também foram o comando e o controle de todos os órgãos policiais e de emergência que estavam no local, com falta de coordenação e padronização de comunicação e de procedimentos. Muitos meios deixaram de ser acionados ou foram insuficientes.

Escola Marjory Stoneman Douglas

Em 14 de fevereiro de 2018, na escola secundária Marjory Stoneman Douglas, em Parkland, Estado da Flórida, Estados Unidos, um ex-aluno, Nikolas Cruz, de 19 anos, armado com um rifle semiautomático estilo AR-15, adquirido legalmente em uma loja, invadiu o local matando 17 pessoas e ferindo outras 17. Com a chegada da polícia, conseguiu fugir da escola, misturando-se aos alunos que eram evacuados, mas como foi reconhecido, foi preso posteriormente, em outro lugar, sem oferecer resistência.

Figura 28 - Alunos da escola Marjory Stoneman Douglas sendo evacuados após ataque de um atirador ativo.

Fonte: Agência Brasil

Com mais vítimas do que o ataque de Columbine, é um caso que apresenta várias particularidades que precisam ser mencionadas. Até porque Columbine teria servido como inspiração para que Nikolas Cruz atirasse contra seus colegas na escola na Marjory Stoneman Douglas.

Em 2016 e 2017, a polícia tinha recebido denúncias de que Cruz planejava um ataque a uma escola. No começo de 2018 essa informação chegou ao FBI. Mas as denúncias não foram checadas.

Cruz foi adotado por um casal logo após seu nascimento. O pai adotivo morreu em 2004, e a mãe adotiva, alguns meses antes do ataque, e ele foi viver com parentes.

Apresentou problemas de comportamento muito cedo, sendo transferido de escola seis vezes em menos de três anos. Foi transferido para uma escola para crianças com dificuldades emocionais em 2014, onde teria feito ameaças a outros alunos.

Em 2016, gravou um vídeo onde se automutilava, fazendo cortes nos dois braços, e disse que ia comprar uma arma. Encaminhado contra sua vontade a um psiquiatra, foi diagnosticado com depressão, autismo, transtorno de déficit de atenção e era hiperativo.

Colegas comentaram após o ataque que Cruz fazia comentários racistas contra negros e judeus, e também contra gays e estrangeiros. No final de 2017, ele foi obrigado a deixar a escola Marjory Stoneman Douglas por causa de suas notas baixas.

Com todo esse histórico, Cruz conseguiu comprar legalmente um rifle semiautomático calibre 5,56mm estilo AR-15 e de aparência militar. Uma arma com um calibre potente e carregadores para trinta tiros. A pesquisa de antecedentes que foi feita para a compra não trouxe nenhum impedimento, e as leis da Flórida, na época, autorizavam maiores de 18 anos a adquirirem armas desse tipo em uma loja registrada.

No dia do ataque, 14 de fevereiro de 2018, Cruz chegou à escola Marjory Stoneman Douglas em um Uber, às 14h19min, levando um rifle dentro de uma caixa e uma mochila com vários carregadores. Entrou na escola onde estavam cerca de 900 alunos e 30 professores, e ativou o alarme de incêndio, pois sabia que as pessoas iam dirigir-se para as saídas. Às 14h21min, tiros foram ouvidos no interior da escola.

Um policial que fazia a segurança da escola, Scot Peterson, armado e uniformizado, ouviu os tiros, acionou um alarme, mas não entrou no prédio. Pelo rádio, avisou seus colegas sobre o que acontecia e recomendou para que não entrassem no prédio e permanecessem a pelos menos 200 metros de distância.

Na sequência, 3 policiais de Coral Springs chegaram à escola. Mas lhes foi ordenado, pela capitá Jan Jordan, do escritório do xerife do Condado de Broward, que permanecessem do lado de fora, fazendo um perímetro de cerco.

Enquanto isso, Cruz andava livremente pela escola, disparando contra alunos e professores que estavam nos corredores. Percorreu os três andares, dando dezenas de tiros e recarregando seu rifle. Atirou durante 6 minutos, parando porque, possivelmente, houve uma falha mecânica na sua arma, fazendo com que ele a largasse e saísse do prédio junto com os alunos em fuga. Cerca de 4 minutos depois que Cruz saiu da escola, os policiais de Coral Springs adentraram o prédio.

Entretanto, como ex-aluno, Cruz foi reconhecido por algumas pessoas enquanto efetuava os tiros e, além disso, as câmeras de segurança registraram sua imagem.

Foi preso por policiais que já tinham suas características a cerca de três quilômetros da escola, sem oferecer resistência. Em janeiro de 2020, estava preso e ainda aguardava julgamento.

Quase 20 anos após Columbine, o ataque da Escola Marjory Stonemam Douglas novamente atingiu em cheio a sociedade americana. O assunto controle de armas voltou com muita força. As leis da Flórida foram alteradas e armas só poderiam ser vendidas para maiores de 21 anos e com um processo de checagem de antecedentes mais complexo e uma avaliação psicológica.

A internação e o tratamento psiquiátrico forçado para jovens que apresentassem comportamento agressivo e potencialmente perigoso também foram debatidos.

O departamento do Xerife do Condado de Broward foi duramente criticado por vários motivos: por não ter investigado as várias denúncias de ameaças e comportamento agressivo de Cruz, desde 2016; por não ter alimentado corretamente o sistema de checagem de antecedentes, com as informações sobre Cruz, que poderiam ter impedido que ele comprasse a arma usada no ataque; e, principalmente, por seus policiais não terem entrado rapidamente na escola, para enfrentar o atirador.

Desde o episódio de Columbine, os protocolos para atirador ativo foram mudados. Os primeiros policiais que chegassem ao local de um tiroteio e verificassem que tiros foram disparados, e que o ataque ainda estava em andamento, em vez de cercarem, isolarem o local e aguardarem a chegada da SWAT, teriam que entrar imediatamente, pois a prioridade passou a ser localizar o atirador e fazer com que ele pare o ataque.

O policial Scot Peterson foi criticado até mesmo pelo recém-empossado presidente Donald Trump, por não ter entrado imediatamente na escola e tentado enfrentar o atirador. O xerife do Condado de Broward, Scott Israel, suspendeu Peterson, e este aposentou-se dias depois. A capitá Jan Jordan, que determinou que os policiais de Coral Springs não entrassem na escola logo que chegaram, não cumprindo o protocolo para atirador ativo, também se aposentou ao ser acusada de negligência.

O xerife Israel foi destituído do cargo meses depois pelo governador da Flórida, após uma investigação, por ter sido negligente nas apurações sobre as denúncias contra Cruz, antes do ataque.

Peterson está sendo processado por várias acusações criminais, por não ter entrado imediatamente na escola e por ter dito no rádio para que outros policiais não entrassem, contrariando os protocolos para casos de atirador ativo, além de haver mentido durante seu depoimento no caso, dizendo que não sabia que o atirador estava dentro da escola.

O episódio foi tão traumático para os sobreviventes do ataque na escola Marjory Stoneman Douglas que, alguns meses depois, dois alunos teriam se suicidado por não conseguirem superar o que aconteceu durante a tragédia.

Escola Primária de Sandy Hook

Em 14 de dezembro de 2012, na cidade de Newtown, estado de Connectcut, nos Estados Unidos, na escola primária Sandy Hook, Adam Lanza, de 20 anos, utilizando um rifle semiautomático, estilo AR-15 de 5,56mm, uma pistola Glock 10mm e uma pistola Sig Sauer 9mm, invadiu a escola usando uma roupa preta, estilo militar, e colete à prova de balas, disparando várias vezes e matando 20 crianças com idades entre 6 e 7 anos, e 8 adultos, a maioria professores, além de ferir 1 pessoa. Lanza se matou com um tiro na cabeça assim que equipes de emergência médica chegaram ao local.

O número de vítimas só não foi maior porque funcionários e professores, arriscando suas vidas e seguindo orientações de um protocolo de segurança que havia sido implantado semanas antes, evacuaram ou esconderam várias crianças em salas protegidas.

Figura 29 - Professoras evacuando crianças durante ataque de atirador ativo à escola Sandy Hook, Estados Unidos (2012).

Fonte: Enciclopedia Britannica

Adam Lanza, segundo familiares, sofria de depressão e tinha transtorno de espectro autista, em grau moderado. Vivia com sua mãe, Nancy Lanza, 52 anos e que era divorciada do pai de Adam. Por causa de seu comportamento estranho, Adam havia sido ameaçado pela mãe de ser internado em uma clínica psiquiatra. As armas utilizadas por ele no ataque eram legais, que sua mãe Nancy havia comprado.

No dia 14 de dezembro de 2012, logo pela manhã, em sua casa, Adam Lanza atirou quatro vezes na cabeça da própria mãe e dirigiu-se para a escola primária Sandy Hook, onde, segundo algumas fontes, Nancy Lanza realizava trabalho voluntário, o que deixava Adam com ciúmes e seria uma das causas do ataque àquela escola, mas isso ainda é controverso.

Adam chegou à escola às 09h30min e, às 09h35min, os primeiros tiros foram ouvidos. Lanza invadiu duas salas de aula e, à queima-roupa, disparou contra várias crianças. Os tiros cessaram entre 09h46min e 09h56min, após Lanza disparar mais de 80 vezes. Por volta das 09h58min, Lanza atirou contra a própria cabeça, morrendo no local.

O presidente Barack Obama, em um discurso emocionado à nação, disse que todos deveriam unir-se para que fatos como o de Sandy Hook não acontecessem mais.

Escola Santa Fé

Em 18 de maio de 2018, na Escola Secundária de Santa Fé, em Santa Fé, Texas, Estados Unidos, Dimitrios Pargoutizs, de 17 anos, aluno da escola, invadiu o local, armado com uma espingarda calibre 12 e um revólver, disparando contra alunos e professores, matando 10 pessoas e ferindo 12. Com a chegada da polícia, houve um tiroteio entre Pargoutizs e os policiais, em que um policial foi ferido e Pargoutzis também foi atingido, sendo preso.

Os primeiros policiais que chegaram ao local eram responsáveis pela segurança da escola. Os tiros começaram às 7h40min, e, em quatro minutos, os policiais fizeram contato visual com Pargoutzis, tentando fazer com que ele se rendesse, ao que o atirador ativo disparou contra eles, ferindo um policial gravemente, mas também sendo ferido pelo outro policial, que o prendeu.

Além das duas armas de fogo, Pargoutzis levou para a escola vários artefatos explosivos, além de um coquetel molotov, mas não os acionou.

A escola tinha um plano para lidar com atirador ativo, que foi imediatamente ativado, e várias crianças conseguiram sair do prédio. Graças a isso, o número de vítimas não foi maior. Havia estudos para permitir que professores e funcionários da escola trabalhassem armados, para de defenderem e defender as crianças em situações como esse ataque. Alguns meses depois, essa medida foi implementada.

Posteriormente, o governo do Texas equipou os policiais que fazem segurança nas escolas com rifles com mira ótica, mais potentes e precisos do que as pistolas que os policiais portavam no dia do ataque na escola Santa Fé.

Segundo testemunhas, Pargoutzis era vítima de *bullying* na escola, o que seria a motivação para o ataque. O pai de Pargoutzis, um imigrante grego, dono das armas, foi acusado por familiares de alguns dos mortos de não ter tido o devido cuidado em mantê-las longe do alcance do adolescente.

As investigações posteriores apreenderam diários e arquivos que indicaram que o jovem Pargoutzis já estava planejando o ataque há bastante tempo, inclusive com a ideia de suicidar-se após matar o maior número de pessoas que pudesse. O julgamento do atirador foi marcado para o começo de 2020, mas ele foi considerado, por três especialistas, como mentalmente incapaz.

Universidade Virgínia Tech

Em 16 de abril de 2007, no conjunto de institutos conhecido como Universidade Virgínia Tech, em Blacksburg, estado da Virgínia, Estados Unidos, um de seus estudantes, Seung-Hui Cho, de 23 anos, nascido na Coreia do Sul e com um visto de residência permanente nos Estados Unidos, utilizando 2 pistolas e mais de 400 cartuchos, atacou em dois locais diferentes do *campus*, matando 32 pessoas e causando ferimentos em outras 23 (17 por tiros de Cho e 6 ao pularem por janelas, tentando escapar do atirador). O último a morrer foi o próprio Cho, que se suicidou com um tiro na cabeça.

Figura 30 - Foto feita por Seung-Hui Cho dias antes do ataque na Virgínia Tech e enviada por encomenda a uma rede de televisão, junto com outras fotos, outros textos e vídeos. A encomenda chegou à rede dois dias depois do ataque. Esse tipo de pose da foto é comum para os atiradores suicidas.

Fonte: Jornal The Guardian

Desde a adolescência, Cho já apresentava problemas psicológicos. No ensino médio, foi diagnosticado com mutismo seletivo e depressão grave. Quando entrou na Virgínia Tech, essas informações não eram do conhecimento da universidade por causa de leis de privacidade. Seu estranho comportamento na universidade foi presenciado por professores que notaram sua fala e escrita desconexas e fora de contexto, e por seus colegas, inclusive com denúncias de assédio a duas alunas. Isso levou a universidade a encaminhá-lo para tratamento psiquiátrico.

Todos esses problemas psicológicos não estavam disponíveis no sistema de consulta de informações para compra de armas, o que permitiu que Cho comprasse legalmente, em uma loja, as duas armas que usou nos ataques.

No dia do ataque, Cho primeiramente invadiu um dormitório de alunos, às 7h15min, e atirou contra algumas pessoas, fazendo suas primeiras vítimas. Fugiu desse dormitório e voltou ao próprio dormitório no *campus*, onde trocou de roupas e livrou-se de algumas evidências que estavam em seu computador.

Duas horas após o primeiro ataque, Cho invadiu um prédio com salas de aula, onde fez outras vítimas, invadindo salas de aula e atirando em alunos e professores. Ele tentou entrar em várias outras salas de aula, forçando as portas e atirando em professores que tentavam segurar as portas para evitar que ele entrasse, sendo que, em algumas salas, os alunos trancaram as portas por dentro, impedindo a entrada dele.

A primeira chamada para o telefone de emergência da polícia foi às 9h42min. Os policiais que faziam a segurança do *campus* chegaram quatro minutos depois, mas demoraram cinco minutos para entrar no prédio. Quando entraram, Cho já havia se suicidado, no segundo andar do prédio.

Shopping centers, lojas, mercados, feiras e cinemas

Ataque suicida ao Shopping Dizengoff Center, Tel Aviv, Israel

Em 4 de março de 1996, em frente ao *Shopping* Dizengoff, em Tel Aviv, Israel, um terrorista suicida detonou explosivos, que levava junto ao corpo, próximo a uma fila de pessoas que utilizavam caixas eletrônicos, matando 13 pessoas e ferindo 130, inclusive muitas crianças.

Um militante palestino suicida, que não foi imediatamente identificado, levando atado ao corpo um artefato com 20 quilos de explosivo e vários pregos, para aumentar os danos da explosão, tentou entrar no *shopping*, mas chamou a atenção de policiais, que foram abordá-lo. Então ele se dirigiu para a grande concentração de pessoas perto dos caixas eletrônicos e acionou manualmente o artefato explosivo.

O Hamas e o grupo Jihad Islâmica da Palestina assumiram a autoria do ataque, que foi classificado como terrorismo.

Embora atentados utilizando somente artefatos explosivos geralmente não sejam classificados como casos de atirador ativo, expomos aqui essa ocorrência como exemplo da devastação que esse tipo de meio pode causar quando utilizado contra centenas de pessoas inocentes. Além do que o terrorista era um suicida, usando colete-bomba.

Cinema do Shopping Aurora, Colorado

Em 20 de julho de 2012, no cinema de um *shopping center*, na cidade de Aurora, estado do Colorado, nos Estados Unidos, James Eagan Holmes, de

25 anos, vestindo roupas táticas pretas e portando um rifle semiautomático estilo AR-15, uma espingarda calibre 12 e uma pistola Glock, além de algumas granadas de gás lacrimogêneo, durante a exibição do filme *The Dark Knight Rises* (Batman), lançou as granadas e disparou vários tiros contra os cerca de 400 espectadores, matando 12 pessoas e ferindo 70 (58 por tiros e o restante pelo tumulto), e foi preso posteriormente no estacionamento do *shopping*, em seu carro.

Esse tiroteio aconteceu cerca de três anos depois do tiroteio na escola de Columbine, no mesmo estado do Colorado. Apesar de Holmes estar usando um rifle semiautomático Smith & Wesson MP15, calibre 5,56mm, felizmente, o carregador apresentou problemas, fazendo com que ele disparasse 65 tiros com essa arma, além de 6 tiros com a espingarda Remington 870 Tactical calibre 12, e 4 com a pistola Glock calibre .40. Se o rifle funcionasse corretamente, muito mais pessoas teriam morrido, pois ele tinha muito mais munições. Todas as armas foram adquiridas legalmente por ele.

Figura 31 - O rifle usado por Holmes e o interior do cinema após o ataque.

Fonte: Daily Mail

Holmes comprou um ingresso para o filme normalmente. Sentou-se na primeira fila, e, após 20 minutos do filme ter começado, ele saiu e dirigiu-se para o estacionamento, onde havia deixado o carro. Vestiu uma roupa preta e colocou equipamento à prova de balas, inclusive capacete e perneiras. Pegou uma máscara contra gases, o armamento e as granadas de gás lacrimogêneo e voltou para o interior do cinema por uma porta de emergência, que ele tinha deixado aberta, escorando-a com um saco plástico.

Ao retornar, por volta das 12h30min, ele lançou as granadas de gás, criando uma nuvem que atingiu quem estava próximo e dificultando a visão das pessoas, e, então, começou a disparar nas pessoas que estavam sentadas e contra as que foram para os corredores, tentando fugir. Após atirar, ele voltou para o carro no estacionamento, quando foi preso por um dos primeiros policiais que chegaram ao cinema.

No começo dos disparos, muitos espectadores acharam que o barulho dos tiros vinha do filme, e alguns, que viram Holmes, acharam que era uma brincadeira.

As primeiras ligações para o serviço de emergência da polícia foram às 12h39min, e os primeiros policiais chegaram em 90 segundos ao cinema. Holmes foi preso pelo policial Jason Oviatt, sem oferecer resistência, no estacionamento do *shopping*, às 12h45min. Inicialmente, Oviatt achou que Holmes era um policial, por causa das roupas e do equipamento que ele vestia.

Quando foi preso, disse que havia colocado armadilhas explosivas em seu apartamento. A polícia foi ao local e encontrou a armadilha explosiva ligada à porta de entrada, e que foi desativada com a ajuda de um robô. No interior do imóvel, localizaram vários explosivos improvisados, inclusive ligados a galões com vários litros de gasolina.

Apesar de a família de Holmes ter alegado, durante o julgamento, que ele tinha uma perturbação mental grave, ele foi condenado a várias penas de prisão perpétua, o que impediria qualquer tipo de recurso ou que ele fosse solto um dia.

Algumas teorias dizem que, impulsionado pelos seus distúrbios mentais, Holmes tenha escolhido esse filme por ser violento e porque ele queria homenagear o personagem do filme, Coringa, estando inclusive com os cabelos pintados e o rosto maquiado como o personagem quando foi preso, o que não foi confirmado pelas autoridades.

Mercado de Natal em Berlim

Em 19 de dezembro de 2016, em um mercado de Natal, ao ar livre, com várias barracas montadas em uma rua perto de uma igreja, em Berlim, Alemanha, um imigrante tunisiano, Anis Amri, de 24 anos, dirigindo um caminhão roubado, atropelou várias pessoas que se encontravam no local, matando 12 pessoas, ferindo 50 e depois se evadindo a pé do local do ataque.

Amri já tinha problemas como adolescente na Tunísia, com passagens por roubo e uso de drogas. Entrou na Itália como refugiado, em 2011, mas envolveu-se em um tumulto que gerou mortes dentro do campo de refugiados onde vivia, sendo preso e condenado a dois anos de prisão na Sicília.

Chegou à Alemanha em 2015 e tentou pedir asilo, mas o pedido foi negado. Em 19 de dezembro de 2016, às 20h02min, Amri, dirigindo um caminhão Scania R450 carregado com uma carga de vigas de aço, invadiu a rua a cerca de 60km/h, atropelando as pessoas. Depois disso, ele abandonou o veículo e saiu correndo. Dentro da cabine foi encontrado depois o corpo do motorista do caminhão, Lukasz Robert Urban, um polonês, morto e com marcas de facada e disparo de arma de fogo.

A polícia alemã passou então a caçar o homem que fez o ataque, mas, como não tinha certeza, chegou a prender um indivíduo que depois foi liberado. Com as investigações, chegou-se a Anis Amri, para o qual foi expedido um mandado de prisão internacional.

Em 23 de dezembro de 2016, Amri foi morto por policiais, perto de Milão, Itália, que o reconheceram pelas fotos e tentaram prendê-lo. O ataque foi classificado pelas autoridades alemãs como atentado terrorista, mas, embora o Estado Islâmico tenha assumido a autoria do atentado, e Amri tivesse ligação com grupos fundamentalistas islâmicos, essa hipótese não foi confirmada.

Feira de Inverno em Estrasburgo

Em 11 de dezembro de 2018, em uma feira de inverno, que acontece anualmente em Estrasburgo, na França, Chérif Chekatt, de 29 anos, nascido em Estrasburgo, mas de uma família argelina, abriu fogo contra as pessoas no local, matando 5 e ferindo 11, sendo 4 delas gravemente. O atirador fugiu do local em um táxi, mas foi localizado em 13 de dezembro, morrendo em confronto com policiais que foram prendê-lo.

Embora Chekatt tenha gritado *"Allahu Akbar"* (Alá é grande) enquanto disparava nas pessoas, as causas do ataque não foram confirmadas.

Supermercado Walmart em El Paso

Em 3 de agosto de 2019, na loja de departamentos Walmart, perto do *Shopping* Cielo Vista, em El Paso, no Estado do Texas, nos Estados Unidos, Patrick Wood Crusius, de 21 anos, utilizando um rifle semiautomático WASR-10, uma versão civil do rifle militar AK-47 russo, calibre 7,62mm, atirou contra as pessoas dentro do mercado, matando 22 e ferindo 24, tendo se entregado quando a polícia chegou ao local, e foi preso.

Os tiros começaram por volta das 10h40min. As primeiras ligações para o serviço de emergência da polícia foram às 10h46min, e os primeiros policiais chegaram ao local por volta das 10h53min. Por volta das 10h59min, os policiais encontraram Crusius dentro do mercado, e ele se entregou sem resistência.

Crusius já havia manifestado, diversas vezes, sentimentos racistas, xenofóbicos e anti-hispânicos, culpando latinos de tirarem empregos de americanos brancos. Escreveu até um manifesto com esse conteúdo, que publicou na internet, levando a crer que o ataque se tratava de um crime de ódio racial. Encontra-se preso e, em 2020, ainda aguarda julgamento.

Shopping na Tailândia

No dia 8 de fevereiro de 2020, em um *shopping center* em Nakhon Ratchasima, na Tailândia, o soldado tailandês Jakrapanth Thomma, de 32 anos, após matar outros 3 militares na base onde servia, roubou uma metralhadora M-60, um fuzil HK-33 e uma pistola e invadiu um *shopping center* na cidade de Nakhon Ratchasima, iniciando um tiroteio que resultou em 23 mortos e 57 feridos. Entre os mortos, 3 policiais e o atirador ativo, que foi morto pelas forças de segurança.

Segundo as autoridades, Thomma, pressionado por problemas familiares, que incluíam uma disputa por terras, por volta das 15h30min, no Campo Militar de Suatham Phithak, teria atirado e matado 3 outros militares, inclusive seu coronel-comandante, e roubado as armas, dirigindo-se para o *shopping*, onde chegou por volta das 18h00min. As forças policiais entraram no *shopping* por volta das 19h00min e tentaram negociar com Thomma, que tinha reféns.

As negociações não deram certo, e, enquanto isso, clientes e funcionários do *shopping* foram evacuados pelos policiais. Aproveitando o momento, Thomma se escondeu no interior de algumas lojas, travando novo tiroteio com os policiais, tendo atingido alguns.

Figura 32 - Pessoas sendo evacuadas do *shopping* na Tailândia, pelas forças de segurança.

Fonte: Agência Reuters

Às 23h09min, o Ministério da Defesa da Tailândia anuncia que os militares passariam a ajudar a polícia na evacuação das pessoas que ainda estavam dentro do *shopping* e no cerco a Thomma.

Às 02h47min, foram ouvidos novos disparos no interior do *shopping*. Às 09h00min, do dia 9 de fevereiro, Thomma foi localizado no subsolo do *shopping* e morto por tropas especiais do exército tailandês.

Restaurantes, lanchonetes e bares

Lanchonete McDonald's, em San Diego, Califórnia

Em 18 de julho de 1984, na lanchonete McDonald's, no distrito de San Ysidro, na cidade de San Diego, no estado da Califórnia, nos Estados Unidos, James Oliver Huberty, de 42 anos, armado com uma submetralhadora UZI 9mm, uma pistola Browning 9mm e uma espingarda calibre 12, invadiu a lanchonete disparando contra os clientes, matando 21 e ferindo 19. Entre as vítimas, várias crianças de 11 e 12 anos e até um bebê de 8 meses. Uma mulher grávida recebeu mais de 40 tiros. Hubert disparou 257 vezes contra as vítimas até ser morto por um *sniper* da SWAT.

Huberty teve poliomielite durante a infância, o que afetava o movimento de suas pernas. Um acidente de moto afetou também a mobilidade de seu braço direito. Teve vários empregos durante a vida, não conseguindo parar durante muito tempo em nenhum deles. Em 1965, casou-se com uma mulher chamada Etna, e os problemas de brigas entre o casal e com outras pessoas os tornaram bem conhecidos pela polícia. Um grave problema financeiro teria levado Huberty a querer matar várias pessoas e depois se matar.

Ataque ao Café Moment em Jerusalém

Em 9 de março de 2002, no Café Moment, em Jerusalém, um reduto de judeus liberais, um militante palestino do Hamas, por volta das 22h30min, adentrou o café, que fica a 100 m da residência oficial do primeiro-ministro de Israel, e explodiu o artefato explosivo que encontrava-se preso ao seu corpo, matando 11 pessoas e ferindo outras 54.

Restaurante Nazareth em Columbus

Em 11 de fevereiro de 2016, no restaurante Nazareth, na cidade de Columbus, Estado de Ohio, nos Estados Unidos, Mohamed Barry, 30 anos, nascido na Guiné, mas morando legalmente nos Estados Unidos, armado com um facão e uma faca de cozinha atacou os clientes do restaurante, ferindo 4.

Foi confrontado por alguns fregueses, que resistiram ao ataque, jogando cadeiras nele. Um cliente reagiu contra Barry, usando um taco de baseball. Barry fugiu de carro e foi perseguido pela polícia. Quando foi parado, partiu para cima dos policiais com o facão e a faca e foi morto com um tiro no pescoço.

O FBI já tinha monitorado Barry quatro anos antes, por atividades suspeitas ligadas ao terrorismo, mas as investigações não prosperaram. O restaurante Nazareth é famoso por servir comida do Oriente Médio e tinha até uma bandeira de Israel na entrada.

No dia do ataque, Barry esteve meia hora antes no restaurante perguntando aos funcionários se o dono do restaurante, Hany Baransi, era judeu. Um funcionário respondeu que Baransi tinha nascido em Israel, e então Barry saiu de lá. Na verdade, Baransi nasceu em Israel, mas não é judeu. É um árabe cristão.

Barry voltou meia hora depois com as duas facas e passou a agredir os clientes do restaurante. Quando foi enfrentado, fugiu de lá com um carro. As informações foram passadas para a polícia, que passou a persegui-lo.

A polícia conseguiu forçá-lo a parar. Barry desceu do carro com as duas facas tentando atacar os policiais, que usaram uma arma de incapacitação neuromuscular Taser, mas não conseguiram detê-lo. Os policiais então atiraram contra Barry usando armas de fogo, ferindo-o mortalmente.

As investigações levaram o governo americano a classificar o ataque como terrorista, mas como Barry não tinha ligação direta com grupos radicais, foi considerado um "lobo solitário".

Templos religiosos

Ataque à igreja metodista de Charleston

Em 17 de junho de 2015, em uma igreja cristã metodista, na cidade de Charleston, Estado da Carolina do Sul, Estados Unidos, Dylann Roof, de 21 anos, invadiu a igreja durante um culto e, utilizando uma pistola Glock, calibre .45, disparou contra os fiéis, a maioria negros, matando 9, inclusive a pastora que dirigia o culto e feriu uma pessoa, fugindo do local logo em seguida. Foi preso no dia seguinte, na cidade de Shelby, na Carolina do Norte, durante um bloqueio policial, e não ofereceu resistência.

Roof estava envolvido com ideias neonazistas e racistas de supremacia branca. Durante a adolescência, foi diagnosticado como obsessivo-compulsivo e passou por diversas escolas. Filho de pais divorciados, teve uma infância conturbada, comportamento isolado e agressivo e estava sempre jogando *video game* ou na internet, se isolando de outras pessoas.

Em 2015, já havia sido detido pela polícia por porte de drogas e por ter ido a um *shopping center* de Charleston vestido de roupas pretas e fazendo perguntas estranhas para os funcionários. Chegou a receber uma ordem judicial de restrição, impedindo-o de se aproximar de novo do *shopping* durante certo período.

Novamente, uma falha no sistema de consulta de antecedentes criminais, para compra de armas, permitiu que Roof comprasse a pistola .45 com que cometeu o ataque.

Pelos 9 homicídios cometidos e por várias acusações por crimes de ódio, como racismo, Roof foi condenado à pena de morte. No começo de 2020 ainda aguardava o cumprimento da sentença no corredor da morte da prisão onde estava preso.

Mesquita em Quebec

Em 29 de janeiro de 2017, na mesquita Centro Cultural Islâmico de Quebec, no bairro de Saint-Foy, na cidade de Quebec, no Canadá, Alexandre Bissonnette, de 28 anos, utilizando um rifle semiautomático, estilo AK-47, mas de calibre 5,56mm, e uma pistola, atirou contra 53 pessoas que estavam no interior da mesquita, por volta das 20h00min, matando 6 e ferindo 19. Após atirar, Bissonnette saiu do local, ligou para a polícia e se entregou pacificamente.

Bissonnette, estudante universitário, aparentemente não apresentava problemas mentais, mas alguns colegas relataram comportamento estranho, que ele sofria *bullying* e que fazia comentários islamofóbicos e de supremacia branca.

O rifle semiautomático usado por Bissonette não era ilegal, e ele o comprou normalmente em uma loja. Entretanto, esse tipo de arma, no Canadá, pode usar apenas carregadores de até 10 cartuchos, e ele portava dois carregadores com capacidade para 30 munições cada um, portanto, ilegais. Felizmente, a arma teve um mau funcionamento após alguns disparos, e ele a dispensou e passou a atirar com uma pistola.

O Canadá, embora seja um país relativamente tranquilo com relação a crimes de homicídio, classificou o ataque à mesquita como terrorismo doméstico.

Igreja batista em Sutherland Springs, Texas

Em 5 de novembro de 2017, na Primeira Igreja Batista de Sutherland Springs, Estado do Texas, Estados Unidos, Devin Patrick Kelley, de 26 anos, armado com um rifle semiautomático Ruger, calibre 5,56mm, abriu fogo no interior da igreja contra os fiéis, matando 25 pessoas e ferindo outras 20.

Durante o tiroteio, um cidadão conseguiu pegar seu rifle semiautomático no carro e disparar contra Kelley, não havendo certeza se o atingiu, fazendo com que ele fugisse de carro, sendo perseguido por cidadãos armados em alta velocidade e por vários quilômetros. Quando Kelley finalmente parou a caminhonete que dirigia, foi encontrado morto em seu interior, e não se sabe se foi em decorrência de um tiro que tenha levado na igreja ou se ele cometeu suicídio.

Kelley entrou na Força Aérea dos Estados Unidos em 2010. Trabalhando como tripulante de aviões de transporte, nunca esteve em combate. Em 2012, foi condenado por agredir a esposa, Tessa, de quem estava se divorciando. Foi condenado a um ano de prisão e dispensado de forma desonrosa da Força Aérea, em 2014. Passou a viver de maneira desconhecida em uma grande propriedade rural a 55 quilômetros de Sutherland Springs com uma nova esposa e um filho.

No dia do ataque, Kelley vestia roupas pretas e um colete à prova de balas. O rifle que levava havia sido comprado legalmente em uma loja, apesar dos antecedentes criminais e de violência dele. Não se sabe o exato motivo que o levou a efetuar o ataque, mas parece que ele já havia frequentado a igreja batista de Sutherland Springs.

Mesquitas em Christchurch, Nova Zelândia

Em 15 de março de 2019, na mesquita Al Noor e no Centro Islâmico Linwood, Nova Zelândia, Brenton Tarrant, de 28 anos, invadiu a mesquita Al Noor utilizando dois rifles semiautomáticos estilo AR-15 e duas espingardas calibre 12, atirou em mais de 400 pessoas que se encontravam fazendo suas orações, matando 42 pessoas e ferindo mais de 40. Tarrant fugiu da mesquita e foi preso posteriormente, após investigações.

Tarrant filmou o ataque durante 16 minutos e postou-o imediatamente no Facebook. Ele entrou primeiramente na mesquita com parte das armas, atirou com elas e voltou ao seu carro para pegar e utilizar as outras.

Figura 33 - O atirador ativo de Christchurch filmou o ataque com uma câmera presa ao próprio peito.

Fonte: Daily Mail

Simultaneamente, um outro homem, não identificado, invadiu o Centro Islâmico Linwood, disparou nas pessoas ali presentes, matando 7. Um homem foi preso posteriormente como suspeito, mas a polícia não conseguiu provar sua participação, liberando-o.

Tarrant, um australiano, ex-treinador físico, já tinha expressado ideias islamofóbicas antes. Em um manifesto de 74 páginas, que ele publicou na internet horas antes do ataque à Al Noor, ele disse que em 2017 já pretendia fazer um ataque do tipo na viagem que ele fez à Inglaterra e à França. O governo da Nova Zelândia considerou o ataque como terrorista.

Boates, shows e eventos

Ataque em Tucson, Arizona

Em 8 de janeiro de 2011, nas proximidades da cidade de Tucson, Estado do Arizona, Estados Unidos, Jared Lee Loughner, de 22 anos, compareceu a um comício político da congressista Gabrielle Giffords, do partido democrata, que reunia cerca de 20 pessoas em um estacionamento de um supermercado. Armado com uma pistola Glock, calibre 9mm, disparou vários tiros, que causaram 6 mortes e feriram 14 pessoas, inclusive, gravemente, a congressista Giffords. Loughner foi detido por pessoas que estavam no local e entregue à polícia.

Loughner, desde a adolescência, teve problemas com álcool e drogas, inclusive tendo sido preso por porte de substância entorpecente. Seu comportamento estranho fez com que fosse expulso da faculdade comunitária que cursava, no final de 2010. Nessa mesma época, comprou legalmente a pistola com que cometeu o ataque.

Segundo seus colegas, Loughner tinha ideias de extrema direita e já tinha mencionado Gabrielle Giffords, dizendo que não gostava dela. O ataque foi considerado um ato de terrorismo político. Loughner, na prisão, passou por uma avaliação médica que o diagnosticou com esquizofrenia paranoica. Uma determinação judicial mandou que ele fosse medicado à força. Em agosto de 2012, ele foi considerado mentalmente capaz para ir a julgamento e sentenciado a sete penas de prisão perpétua, sem condicional.

Ataques em Oslo, Noruega

Em 22 de julho 2011, em Oslo e na ilha de Utoya, na Noruega, Anders Behring Breivik, de 32 anos, utilizou um carro-bomba com explosivos acionados por relógio, que explodiu às 13h20 min, no centro da capital da Noruega, Oslo, perto de edifícios públicos, matando 7 pessoas e ferindo dezenas.

Duas horas depois, na ilha de Utoya, onde acontecia uma reunião de jovens do Partido Trabalhista Norueguês, Breivik, vestido como policial, adentrou no local da reunião, armado com um rifle semiautomático Ruger Mini 14, calibre 5,56mm e uma pistola Glock, 9mm, e disparou várias vezes contra os jovens ali reunidos, matando 67 e ferindo 97. Foi preso quando a polícia chegou ao local.

Além de ter sido um modo de atacar o coração da cidade de Oslo, a explosão do carro-bomba foi possivelmente uma forma de atrair a atenção da polícia e dos serviços de emergência para longe do alvo principal, a ilha de Utoya, a cerca de 38 quilômetros de distância de Oslo. Os primeiros policiais chegaram de barco à ilha cerca de 90 minutos após os primeiros relatos do ataque.

Breivik era um pequeno empresário norueguês, antiglobalista, nacionalista, de extrema-direita e contra o multiculturalismo. Tinha também sentimentos contra o Islã, considerando-o uma grave ameaça ao Cristianismo. Segundo ele, fazia nove anos que ele tinha intenção de praticar um ataque do tipo.

A empresa que Breivik tinha registrado lidava com produtos agrícolas, o que lhe permitiu comprar grandes quantidades de fertilizante sem atrair suspeitas. Esse material pode ser utilizado na fabricação de um explosivo chamado ANFO. Breivik produziu vários quilos de ANFO e colocou no carro-bomba. As duas armas usadas no ataque foram adquiridas legalmente. O caso abriu discussões na Noruega sobre compra e posse de armas, principalmente rifles semiautomáticos.

Breivik foi condenado por terrorismo e ainda continua preso em 2020. Em 29 de novembro de 2011, uma junta de psiquiatras declarou que ele sofria de esquizofrenia paranoide. Sua sentença, inicialmente de 21 anos de prisão, pelas leis norueguesas pode ser prorrogada indefinidamente.

Boate Pulse, em Orlando

Em 12 de junho de 2016, na Pulse, uma boate gay de Orlando, no Estado da Flórida, nos Estados Unidos, Omar Mateen, de 29 anos, americano de origem afegã, utilizando um rifle semiautomático Sig Sauer MCX, de calibre 5,56mm, e uma pistola Glock 9mm, adentrou a boate disparando e matando 49 pessoas e fazendo 53 feridos. Mateen foi morto dentro da boate por policiais da SWAT, em um tiroteio, horas depois de começar o ataque.

Mateen tentou ser um guarda prisional na Flórida, frequentando o curso de formação entre 2006 e 2007, mas foi reprovado durante o estágio, por conduta imprópria. Tentou ser policial em 2011 e 2015, sem sucesso. Desde 2007, era agente de segurança privada em uma empresa de segurança.

Criado como muçulmano, Matten frequentava mesquitas e seguia a religião. Durante o ataque, Matten ligou para o serviço de emergência da polícia e disse que o ataque era uma retaliação pela morte de Abu Waheeb, militante do Estado Islâmico, por um ataque aéreo dos Estados Unidos, no Iraque, no mês anterior.

Figura 34 - Câmera de segurança flagrando o atirador ativo da boate Pulse em ação.

Fonte: ABC News

Algumas fontes disseram que viram Mateen frequentando a boate gay várias vezes anteriormente, o que levantou suspeitas de que ele era gay. A ex-mulher dele também desconfiava de sua sexualidade, mas nada foi confirmado pelas investigações do FBI.

As armas foram compradas legalmente. No entanto, houve questionamentos sobre os exames psicológicos realizados por Mateen na empresa de segurança em que ele trabalhava, havendo a desconfiança de que foram falsificados.

No dia do ataque, a boate Pulse promovia uma festa chamada de "Noite Latina", para o público gay. Havia cerca de 320 pessoas dentro do local. Mateen chegou a pé, por volta das 02h00min, e apesar de haver um policial uniformizado, Adam Gruler, fazendo a segurança externa da boate, em uma atividade extra-remunerada no horário de folga (o que é permitido nos EUA), Mateen começou a disparar contra os frequentadores na entrada da boate, utilizando o rifle, às 02h02min.

Gruler então pediu apoio pelo rádio, e os primeiros policiais chegaram às 02h04min. Gruler os alertou que o atirador ativo estava no pátio. Iniciou-se um tiroteio entre os policiais e Mateen, mas ninguém foi atingido. Mateen então correu para dentro da boate e fez reféns.

Muitas pessoas conseguiram fugir do interior da boate pelas saídas de emergência. Mas muitas também se esconderam nos banheiros, ficando sem saída. Mateen entrou em alguns banheiros e atirou nas pessoas que estavam escondidas lá dentro.

Mateen ligou várias vezes para o serviço de emergência da polícia. Além de mencionar a retaliação pela morte de Abu Waheeb, mencionou Moner Abu-Salha, um cidadão americano que morreu cometendo um atentado terrorista na Síria, em 2014, em nome do grupo terrorista Frente Al-Nusra. Mateen e Salha haviam frequentado a mesma mesquita na Flórida.

Por volta de 02h10min, 6 policiais que estavam ouvindo os tiros no banheiro tentaram entrar na boate, trocando tiros novamente com Mateen. Esses policiais receberam ordens para manter suas posições e esperar a chegada da SWAT.

Posteriormente, durante as investigações, o chefe da polícia de Orlando, John Mina, alegou que eles não tinham equipamento tático adequado e que a situação deixou de ser de atirador ativo e se tornou uma tomada de reféns, com indivíduo embarricado, e deveriam esperar o apoio da SWAT e dos negociadores de reféns.

Mateen parou de disparar entre 02h18min e 02h20min. Por volta das 02h30min, a SWAT chegou à boate e assumiu as operações. Às 02h45min, Mateen ligou para um canal de televisão dizendo ser o atirador da boate e que o ataque era em nome do Estado Islâmico.

Negociadores conversaram com Mateen cerca de três vezes, por telefone, entre 02h48min e 03h27min. Nesse tempo, várias pessoas feridas ou não foram retiradas pela SWAT do interior da boate. Mateen permanecia em uma área próximo aos banheiros, com alguns reféns, e alegava que tinha explosivos atados ao corpo.

Às 04h21min, alguns reféns conseguiram fugir com a ajuda da polícia. Às 04h29min, Mateen disse que ia colocar explosivos nos reféns restantes. Nesse momento, foram encerradas as negociações e decidiu-se realizar uma invasão tática.

Por volta das 04h55min, Mateen entrou em um banheiro e atirou em alguns reféns. Entre 05h02min e 05h07min, após fazer um buraco em uma parede, uma equipe da SWAT, com 14 homens, trocou tiros com Mateen, que recebeu 8 tiros, morrendo na hora. Às 05h17min, o atirador ativo foi considerado abatido.

Muitos especialistas criticaram a ação da polícia de não ter entrado na boate e enfrentado imediatamente o atirador ativo. O argumento de que havia reféns foi contestado, afirmando-se que só houve reféns porque o atirador ativo não foi neutralizado rapidamente.

Uma medida importante foi que o governo americano passou a exigir que funcionários de estabelecimentos com grande frequência de pessoas, inclusive escolas e faculdades, passassem a ter aulas de primeiros socorros para serem tomadas providências para que pessoas não sangrassem até a morte enquanto esperassem o socorro médico.

O Estado Islâmico confirmou que Mateen era um de seus "soldados", mas o FBI não encontrou evidências mais sólidas disso, além das declarações do próprio Mateen, antes de morrer.

Show em Manchester

Em 22 de maio de 2017, após um *show* da cantora pop norte-americana, Ariana Grande, na parte de fora do Manchester Arena, na cidade de Manchester, no Reino Unido, Salman Ramadan Abedi, de 22 anos, detonou uma mochila cheia de explosivos que levava às costas, no meio de pessoas que saíam do *show*, ferindo cerca de 800 pessoas (a maioria por conta do tumulto) e matando 22 pessoas, inclusive Abedi.

Abedi havia nascido em Manchester, mas era de uma família síria. Começou a estudar administração, mas não concluiu os estudos. Teve envolvimento com fundamentalistas islâmicos e suspeita-se que, quando ele esteve na Líbia, em 2015, com a família, tenha ido à Síria, onde foi treinado em um campo do Estado Islâmico, que assumiu a autoria do atentado em Manchester dias depois do ataque, e que isso faria parte da Jihad (Guerra Santa).

Ataque em Las Vegas

Em 1º de outubro de 2017, em Paradise, um subúrbio de Las Vegas, no Estado de Nevada, Estados Unidos, durante o festival de música Route 91 Harvest, Stephen Paddock, de 64 anos, disparou mais de 1.100 tiros do alto do 32º andar do Hotel Mandalay Bay, utilizando cerca de 24 armas de fogo, entre as quais 14 rifles semiautomáticos, do tipo AR-15, 5,56mm e 8 rifles semiautomáticos tipo AR-10, calibre 7,62mm, contra a multidão que assistia ao festival, matando 58 pessoas e ferindo 869 (413 por tiros e o restante no tumulto). Paddock matou-se com um tiro antes de a polícia chegar ao seu quarto no hotel.

Havia 22.000 pessoas assistindo aos *shows* do festival, no dia 1º de outubro. Paddock se hospedou no Hotel Mandalay Bay em 25 de setembro, ocupando um quarto no 32º andar, do hotel de 43 andares. O quarto tinha vista para o palco do festival, ficando a uns 450 metros de distância. Nos dias seguintes, ele foi trazendo as armas e munições para o quarto, usando cinco grandes malas.

Figura 35 - Pessoas correndo e outras tentando se proteger durante ataque de atirador ativo em um *show*, em Las Vegas.

Fonte: NBC News

Paddock era um jogador e havia ganhado muito dinheiro com apostas, principalmente em máquinas de vídeo pôquer. A hospedagem no Hotel Mandalay Bay era uma "cortesia" para que ele gastasse dinheiro no cassino.

No dia 1º de outubro de 2017, às 22h00min, um segurança do hotel Mandalay Bay foi verificar um alerta de porta aberta no 32º andar. Ao verificar algumas portas, o segurança foi baleado na coxa por tiros que vieram de dentro de um quarto, atravessando a porta. Imediatamente, abrigou-se e, pelo rádio, informou o que estava acontecendo à central de segurança do hotel.

Às 22h05min, Paddock, usando martelos, quebrou o vidro das janelas do seu quarto e passou a disparar em direção à multidão que assistia aos *shows* lá embaixo, parando de atirar às 22h15min. Ele tentou também fazer explodir dois tanques de combustíveis em um aeroporto, cerca de 600 metros do seu quarto. Alguns tiros acertaram os tanques, mas como eles eram de querosene de aviação não explodiram.

Os policiais que faziam a segurança no *show* e atenderam, às 22h10min, à chamada de tiros no festival, não tinham certeza de qual lugar vinham os disparos. Vendo alguns clarões de disparos, vindos do Mandalay Bay, se dirigiram ao hotel. Lá foram informados do que havia acontecido no 32º andar e para lá subiram.

Às 22h17min, encontraram o segurança do hotel, que lhes contou o acontecido. Mas os disparos tinham cessado. Os policiais então evacuaram os outros quartos do andar. Às 23h30min, a polícia usou explosivos contra a porta do quarto de Paddock, que estava barricada. Ao entrarem, encontraram Paddock já morto com um tiro disparado por ele mesmo.

Este foi o caso de atirador ativo com o maior número de vítimas em um mesmo evento, por apenas um atirador, nos Estados Unidos. Até hoje os motivos que levaram Paddock a realizar o ataque são incertos.

Locais públicos ou turísticos

Ataque em Nice, França

Em 14 de julho de 2016, em uma comemoração do dia da queda da Bastilha, na Promenade des Anglais, na cidade de Nice, na França, Mohamed Lahouaiej-Bouhlel, de 31 anos, tunisiano residente legalmente na França, dirigindo um caminhão alugado, atropelou a multidão que estava no local, matando 86 pessoas (inclusive 2 turistas brasileiros) e feriu 434. Após os atropelamentos, fugiu com o caminhão do local, sendo perseguido pela polícia, parado e morto a tiros no confronto com os policiais.

Figura 36 - Caminhão utilizado no ataque em Nice, na França.

Fonte: CNN.com

Bouhlel emigrou legalmente da Tunísia para a França em 2005. Trabalhou como motorista de caminhão. Teve vários problemas com álcool, drogas e sexo. Era casado e tinha três filhos, mas estava se divorciando. Apresentava, segundo familiares e amigos, sinais de distúrbios mentais. Não era religioso e estava frequentando uma mesquita somente alguns meses antes do ataque. Segundo as investigações, não teria relações com grupos terroristas islâmicos.

Utilizou o caminhão alugado, de 19 toneladas, como arma para ferir e matar os turistas em Nice, avançando contra eles a 90 km/h e subindo nas calçadas. Alguns cidadãos tentaram pará-lo, inclusive subindo na cabine do caminhão, mas Bouhlel se livrou deles. Ele estava armado com uma pistola de origem ilegal, calibre 7,65mm. A polícia passou a persegui-lo após os atropelamentos, tendo que disparar várias vezes contra o caminhão para fazê-lo parar. Foi morto trocando tiros com dois policiais.

Não foi possível estabelecer fortes indícios de ligações entre Bouhlel e organizações terroristas, mas o Estado Islâmico afirmou, alguns dias depois, que um de seus "soldados" havia feito um ataque na França, utilizando um caminhão. Entretanto, há uma grande possibilidade de Bouhlel ter agido como um "lobo solitário".

Ponte de Westminster, Londres

Em 22 de março de 2017, na ponte de Westminster, que dá acesso à Praça do Parlamento e ao Palácio de Westminster, em Londres, Reino Unido, Khalid Massoud, de 52 anos de idade, utilizando um veículo utilitário Tucson, atropelou várias pessoas na ponte, e, após o veículo parar, armado com uma faca, passou a esfaquear pessoas nas proximidades, inclusive 1 policial, resultando esse ataque em 5 pessoas mortas e 49 feridas. Khalid foi morto a tiros por policiais que chegaram ao local minutos depois do início do ataque.

Khalid, de família de origem nigeriana, mas nascido na Inglaterra, chamava-se Adrian Russell Elms, e, ao se converter ao Islã, quando ficou adulto, mudou seu nome para Khalid Massoud. Casado e com um filho, já tinha sido preso por porte ilegal de arma e também já havia sido investigado pelos serviços de inteligência britânicos como associado a grupos radicais islâmicos.

Levantou-se a hipótese de que Khalid pretendia invadir a sede do Parlamento Britânico, onde se encontrava a primeira-ministra Theresa May. Entretanto, ele não conseguiu invadir o prédio, e a primeira-ministra foi evacuada para local seguro.

Parque do Rio Hudson, Nova Iorque

Em 31 de outubro de 2017, na ciclovia do Parque do Rio Hudson, na cidade de Nova Iorque, Estados Unidos, Sayfullo Habibullaevich Saipov, de 29 anos, natural do Uzbequistão, dirigindo uma caminhonete alugada, atropelou vários ciclistas e pedestres na ciclovia, matando 8 pessoas e ferindo outras 11, até bater em um ônibus escolar. Ao sair da caminhonete, com duas armas nas mãos (uma de paintball e uma de pressão), foi ferido a tiros por policiais que chegaram ao local, sendo preso em seguida.

Saipov havia imigrado do Uzbequistão em 2010, trabalhando muito tempo como motorista de Uber. Não estava sendo investigado por ligações com grupos terroristas. Quando foi detido, alegou que realizou o ataque em nome do Estado Islâmico. No entanto, nenhum grupo terrorista assumiu o ataque. Possivelmente, trata-se de outro "lobo solitário". Em 2020, ainda estava preso, aguardando julgamento.

Meios de transporte

Trem em Wurzburg, Alemanha

Em 18 de julho de 2016, em um trem que ia de Treuchtlingen a Wurzburg, ambas as cidades na Alemanha, Riaz Khan Ahmadzai, de 17 anos, armado com uma faca e uma machadinha, atacou diversos passageiros dentro da composição, quando o trem parava na estação de Wurzburg, ferindo 5 pessoas. Ahmadzai fugiu da estação e, quando estava a 500 metros de distância, foi cercado por policiais e teria gritado *"Allahu Akbar!"* e atacado os policiais, sendo morto a tiros.

Ahmadzai, um jovem afegão, entrou sozinho na Alemanha como refugiado. Teria sido cooptado por membros do Estado Islâmico para realizar o ataque, posteriormente o EI assumiu a autoria.

Aeroporto de Istambul, Turquia

Em 28 de junho de 2016, no aeroporto Ataturk, em Istambul, na Turquia, Rakim Bulgarov e Vadim Osmanov, com passaporte russo, mas do Uzbequistão e Quirguistão, e um terceiro atacante não identificado, portando rifles automáticos AK-47 e explosivos atados aos corpos, atacaram os passageiros que aguardavam no saguão do aeroporto, atirando com os fuzis e depois acionando os explosivos, mataram 42 pessoas e feriram 239. Após atirarem, os três suicidas acionaram os explosivos, morrendo nas explosões.

O Estado Islâmico, posteriormente, assumiu a autoria do atentado planejado por integrantes chechenos do EI.

Residências

Casa em Covina, Califórnia

Em 24 de dezembro de 2008, em uma casa na cidade de Corvina, no Estado da Califórnia, nos Estados Unidos, por volta das 23h30min, estava ocorrendo uma reunião de família, com cerca de 25 pessoas, quando Bruce Jeffrey Pardo, de 45 anos, ex-marido de uma das vítimas e vestido de Papai Noel, utilizando 4 pistolas e um lança-chamas caseiro, matou 9 pessoas e feriu outras 3, fugindo do local e aparentemente se suicidando, minutos depois.

Na casa, se encontravam Sylvia Ortega Pardo, ex-mulher de Bruce Pardo, de quem tinha se divorciado dias antes, os pais de Sylvia, Alicia e Joseph, donos da casa, irmãos, cunhadas e sobrinhos de Sylvia, além de amigos e parentes. As mortes e os ferimentos foram causados pelos tiros dados por Bruce e pelo incêndio que ele causou dentro da casa.

Após o ataque, Bruce tirou a fantasia e fugiu da casa usando seu carro. Foi para casa de seu irmão, cerca de 48 quilômetros de distância. Parou a uma quadra da casa, e não se sabe com certeza se deu um tiro na cabeça, para se suicidar, ou se o disparo foi acidental.

O motivo do ataque foi que Bruce não se conformou com o fim do relacionamento e foi matar a ex-esposa e toda a família dela, por vingança.

Casa em Newburgh, Estado de Nova Iorque

Em 26 de janeiro de 2020, na cidade de Newburgh, Estado de Nova Iorque, nos Estados Unidos, Kaliek Goode-Ford, de 30 anos, teria entrado em uma casa e disparado contra 4 pessoas da mesma família, provavelmente com uma pistola, matando 3 e ferindo uma das vítimas, fugindo da casa após o ataque. Foi preso horas depois devido às investigações.

Morreram no ataque o pai, Jimmy Crisantos, 27 anos, Shatavia Crisantos, de 26 anos, a mãe, e Giovanni Tambino de 9 anos, filho de Shatavia. Uma outra criança de 3 anos foi ferida por vários tiros.

Kaliek tem várias passagens relacionadas a uso e tráfico de entorpecentes. A arma que utilizou foi jogada dentro de um rio, não sendo localizada. Apesar de se declarar culpado pelas mortes, não esclareceu a motivação. As investigações trabalham com as hipóteses de que a família foi morta durante um roubo, apesar de nada ter sido levado da casa, ou um crime relacionado ao tráfico de drogas.

No trabalho

Base militar de Fort Hood, Texas

Em 5 de novembro de 2009, em uma base do exército americano, em Fort Hood, no Estado do Texas, nos Estados Unidos, o major Nidal Hassan, psiquiatra do exército americano, utilizando uma pistola FN Five Seven, de 5,7mm e um revólver Smith & Wesson, calibre .357 Magnum, atirou contra vários militares que se encontravam em uma fila de atendimento médico, inclusive uma mulher grávida, matando 14 pessoas (inclusive um feto) e ferindo 32 pessoas. Hassan foi ferido a tiros pela segurança da base, sendo detido em seguida.

Hassan, americano de nascimento, era muçulmano desde pequeno, frequentando regularmente mesquitas. Cursou psiquiatria e entrou para o exército americano. Vários colegas relataram um comportamento estranho por parte dele e um desempenho como psiquiatra abaixo dos padrões. Seu comportamento piorou ao atender militares que voltavam do Afeganistão e do Iraque, que relatavam suas ações contra muçulmanos. Durante uma palestra, chegou a afirmar que os "infiéis" (quem não é muçulmano) deveriam ser massacrados.

Depois de preso, assumiu a responsabilidade pelo ataque e afirmou que fez aquilo como protesto contra a forma como as forças armadas americanas tratavam os muçulmanos. Foi condenado à pena de morte.

Clínica para deficientes em Sagamihara, Japão

Em 21 de julho de 2016, na clínica para deficientes na cidade de Sagamihara, província de Kanagawa, no Japão, Satoshi Uematsu, de 26 anos, utilizando facas, adentrou a clínica esfaqueando vários pacientes, matando 15 pessoas e ferindo 29 (13 delas gravemente). Após o ataque, Uematsu apresentou-se à polícia, admitindo os crimes e entregando as facas ensanguentadas.

Uematsu era ex-funcionário da clínica, e, possivelmente, isso o teria afetado psicologicamente. Depois de preso, sua defesa alegou insanidade mental. No começo de 2020 ainda não tinha sido julgado e corria o risco de ser condenado à morte.

Repartição pública em Virgínia Beach

Em 31 de maio de 2019, no Departamento de Obras Públicas, Serviços Públicos e Planejamento da cidade de Virgínia Beach, Estado da Virgínia, Estados Unidos, Dewayne Antonio Craddock, de 40 anos, ex-funcionário do departamento, utilizando uma pistola Glock .45 e uma pistola HK USP .45, com supressor de ruídos (silenciador), atirou contra os funcionários, matando 12 e ferindo 4. Craddock foi morto por policiais que atenderam ao chamado.

Craddock, que se chamava inicialmente Dewayne Antonio Hamilton, não ficando claro o motivo da mudança de nome, era engenheiro de obras do departamento onde cometeu o ataque. Havia pedido demissão horas antes através de um e-mail, sem motivo aparente, embora tenha sido especulado que poderia ser demitido.

Não tinha registros de problemas com drogas ou criminais. Foi casado até 2017 e tinha se divorciado. Os vizinhos relatam uma pessoa calma e introvertida, e os ex-colegas, sobreviventes, dizem que ele nunca apresentou um comportamento estranho. As investigações não chegaram a uma conclusão sobre os motivos do ataque.

Casos de atirador ativo no Brasil

Estabelecimentos de Ensino

Escola em Taiúva, São Paulo

Em 28 de janeiro de 2003, na Escola Estadual Coronel Benedito Ortiz, na cidade de Taiúva, no Estado de São Paulo, Edmar Aparecido de Freitas, de 18 anos, armado com um revólver calibre .38, e levando 105 cartuchos desse calibre, pulou o muro da escola, onde havia estudado, e passou a atirar contra alunos, professores e funcionários, efetuando 15 disparos que feriram 7 pessoas (5 alunos, o zelador e a vice-diretora). Freitas tentou ainda atirar contra a mulher do zelador, mas ela suplicou para não ser morta, e ele desistiu de matá-la. Então Freitas apontou o revólver para o próprio ouvido e disparou, suicidando-se.

Taiúva é uma pequena cidade de cerca de 5.500 habitantes, distante 363 quilômetros da capital do Estado, São Paulo. Muito pacata, casos de violência lá são muito raros. Freitas fez todo o ensino fundamental e o ensino médio na Escola Coronel Benedito Ortiz. Havia se formado no ano anterior ao ataque. Professores e alunos lembram-se dele ser um rapaz calmo e tranquilo, com comportamento normal, aparentemente sem envolvimento com drogas.

Às 14h30min, ele pulou o muro de 2,7 metros de altura, levando a arma e muita munição e passou a atirar nas mais de 50 pessoas que estavam no pátio da escola. Recarregou a arma pelo menos duas vezes e atirou durante não mais que três minutos, até se matar. Não houve tempo nem para avisar a polícia.

Em buscas na casa de Freitas, a polícia encontrou algumas revistas sobre nazismo e outra arma, um revólver calibre .22. A origem das armas não pôde ser constatada, mas tinham procedência ilegal. As investigações apuraram que Freitas havia reclamado de haver sofrido *bullying* na escola, mas não foram apresentadas evidências disso.

Esse foi um dos primeiros casos do tipo no Brasil, poucos anos depois do famoso caso de Columbine nos Estados Unidos e antes de haver um aumento significativo de ataques desse tipo no mundo. Talvez por ter ocorrido em uma pequena cidade do interior, e por ninguém ter morrido, não teve muita repercussão na mídia. Também é de uma época em que o assunto *bullying* era pouco discutido no Brasil.

Escola em Realengo, Rio de Janeiro

Em 7 de abril de 2011, na Escola Municipal Tasso da Silveira, no bairro de Realengo, na cidade do Rio de Janeiro, Estado do Rio de Janeiro, Wellington Menezes de Oliveira, de 23 anos, armado com um revólver calibre .32 e um revólver calibre .38, invadiu a escola na qual era ex-aluno e atirou contra várias pessoas no local, matando 12 alunos, entre 13 e 16 anos, e ferindo mais 22 pessoas. Com a chegada da polícia à escola, e uma troca de tiros em que Oliveira foi baleado na barriga, ele cometeu suicídio com um tiro na cabeça.

Oliveira foi adotado quando era ainda bebê. Sua mãe biológica sofria de transtornos mentais e já havia tentado se matar. A mãe adotiva era muito religiosa, frequentadora das reuniões das Testemunhas de Jeová e levava Oliveira a essas reuniões, mas ele não continuou mais a frequentar a igreja depois de algum tempo. Após a morte da mãe adotiva, a quem era muito ligado, passou por tratamento psicológico, mas não deu continuidade.

Era considerado pela família muito calmo e introspectivo, não convivendo em sociedade, nem com a família, e passando muito tempo navegando na internet. Em uma carta, descreve como havia sofrido *bullying* em várias ocasiões, principalmente em 2001, por parte de outros alunos da escola que atacou anos mais tarde. Relata que sofria agressões, e as outras pessoas, em vez de ajudá-lo, caçoavam dele, inclusive as meninas. Conta sobre um episódio em que o seguraram pelas pernas, mergulharam sua cabeça em uma privada e deram descarga.

Em um vídeo gravado antes dos ataques, Oliveira aparece falando de forma desordenada, aparentando estar dopado, declarando que um dos motivos do ataque era por causa do *bullying* e que iria agir para vingar as pessoas que haviam sido maltratadas.

Figura 37 - Wellington Oliveira gravou um vídeo antes do ataque.

Fonte: Portal Folha de São Paulo/UOL

Aparentando ter uma mentalidade psicótica, Oliveira era fascinado por armas e por fundamentalistas islâmicos, e ficava horas pesquisando sobre esses assuntos na internet. Falava muito dos atentados de 11 de setembro de 2001, nos Estados Unidos, e sobre a Al-Qaeda. Segundo um colega, o apelido de Oliveira na escola era justamente esse, Al-Qaeda.

Ele deixou crescer a barba, adquiriu hábitos muçulmanos, inclusive, segundo ele, ler o Corão, o livro sagrado muçulmano, várias horas por dia. Afirmou que mantinha contato pela internet e por cartas com integrantes da Al-Qaeda, e que pediu aconselhamento a eles sobre como realizar ataques terroristas. Entretanto, isso não significa que ele agiu ligado a ou em nome de um grupo terrorista islâmico.

No dia do ataque, às 08h00min, Oliveira, bem-vestido e levando as duas armas que foram adquiridas ilegalmente, foi até a escola Tasso da Silveira e conseguiu ludibriar o porteiro, dizendo que ia dar uma palestra. Foi até uma sala de aula da 8ª série, onde estava havendo uma aula de português, entrou sem pedir licença, sacou as armas e passou a atirar nos alunos. A maioria dos mortos, 10 dos 12, foi de meninas, e, aparentemente, estas eram os alvos principais do seu ataque, talvez para se vingar do *bullying* que outras meninas fizeram com ele.

Uma das crianças baleadas conseguiu sair correndo da escola e pedir ajuda a policiais do Batalhão de Trânsito da Polícia Militar do Estado do Rio de Janeiro, que estavam nas proximidades. O 3º Sargento Márcio Alexandre Alves e um colega entraram na escola e avistaram Oliveira. O sargento atirou contra Oliveira, acertando a perna e o abdômen do atirador ativo, que caiu imediatamente e deu um tiro na própria cabeça.

O ataque foi muito exposto pela mídia. A dor das famílias das vítimas foi muito explorada pela imprensa e várias teorias e histórias sobre as motivações de Oliveira foram apresentadas.

O ataque foi até mesmo apoiado por pessoas e grupos que nutrem simpatia por ações desse tipo. Ainda hoje (2020) há pessoas que admiram Oliveira e apoiam os atos que ele praticou. Um grupo denominado "Célula Terrorista Unidade Realengo Marcelo do Valle", que cita o ataque de Realengo e o nome de Marcelo do Valle, preso em 2016 por envolvimento em planos de ataques terroristas nos Jogos Olímpicos do Rio de Janeiro, foi mencionado em um relatório da Polícia Federal Brasileira como responsável por ameaças de ataque ao ministros do Supremo Tribunal Federal (STF) brasileiro.

Creche Gente Inocente, em Janaúba, Minas Gerais

No dia 5 de outubro de 2017, na creche Gente Inocente, na cidade da Janaúba, no Estado de Minas Gerais, Damião Soares dos Santos, de 50 anos, vigia noturno da creche, invadiu uma sala de aula onde estavam várias crianças entre 5 e 7 anos de idade, trancou a porta, jogou gasolina nas crianças e depois ateou fogo. O incêndio se espalhou por outras dependências da creche. No ataque morreram14 pessoas e 37 ficaram feridas. Dentre os mortos, Santos, que teria abraçado algumas crianças enquanto ardia em chamas.

Santos trabalhava para a Prefeitura de Janaúba desde 2008. Era solteiro, não tinha filhos e morava sozinho. Segundo uma de suas irmãs, em 2014, ele foi encaminhado para o Centro de Atenção Psicossocial (CAPS) de Janaúba, por apresentar transtornos mentais, mas não fez um tratamento.

A professora da creche, Heley de Abreu Silva Batista, foi postumamente agraciada com a medalha da Ordem do Mérito Nacional, por ter salvado a vida de muitas crianças, fazendo com que fugissem da escola em chamas, além de se atracar com o agressor, segurando-o, impedindo-o de alcançar algumas crianças. Sacrificou a própria vida para salvar seus alunos.

As motivações de Santos não ficaram claras. O caso criou uma comoção nacional por envolver crianças e a brutalidade com que foram mortas.

Colégio Goyases, em Goiânia

Em 20 de outubro de 2017, no Colégio Goyases, na cidade de Goiânia, no Estado de Goiás, um dos alunos de 14 anos, que cursava a 8ª série, entrou em uma sala com uma pistola Taurus PT-100, calibre .40 e efetuou vários disparos, matando 2 alunos e ferindo outros 4. Com a chegada da polícia, foi preso, sem resistência.

O atirador, que não pôde ser identificado por ser menor de 18 anos, de acordo com o Estatuto da Criança e do Adolescente (ECA), alegou que era vítima de *bullying* na escola por parte de outros alunos. O atirador utilizou a pistola pertencente à mãe, que é policial militar. O pai também é policial militar.

O atirador fez o ataque por volta das 11h50min, intervalo das aulas. A tragédia só não foi maior porque a coordenadora da escola, Simone Maulaz Esteto, entrou na sala onde estavam o atirador e dois alunos que tinham sido feridos a tiros e, conversando com o atirador, conseguiu acalmá-lo até a chegada da polícia.

O jovem atirador foi condenado pela justiça a 3 anos de internação em uma instituição para menores infratores, período máximo de tempo, segundo o ECA.

Escola em Suzano, São Paulo

Em 13 de março de 2019, na escola estadual Professor Raul Brasil, na cidade de Suzano, Estado de São Paulo, Guilherme Taucci Monteiro, de 17 anos, e Luiz Henrique de Castro, de 25, armados com um revólver calibre .38, uma machadinha, um arco com flechas e uma besta atacaram alunos, professores e funcionários, matando 8 pessoas e ferindo 11. Quando a polícia chegou à escola, Guilherme, o mais jovem, atirou em Luiz Henrique, matando-o, e depois cometeu suicídio.

Suzano é um município de médio porte com cerca de 150.000 habitantes, na região metropolitana de São Paulo. A escola estadual Professor Raul Brasil é tradicional na cidade. De acordo com o censo escolar de 2017, tinha 358 alunos do 6º ao 9º ano e 693 cursando o ensino médio. Guilherme e Luiz Henrique foram alunos na mesma escola, mas não estudaram juntos. Ambos moravam bem perto da escola em que cometeram o ataque.

Os pais de Guilherme, de 17 anos, se separaram quando ele nasceu. A mãe, com problemas de dependência de drogas, não podia cuidar dele. Foi criado pelos avós. Parentes e amigos relatam um rapaz solitário e reservado, que ficava horas a fio jogando *games* virtuais e no computador. Havia deixado a escola Raul Brasil um ano antes, segundo parentes, porque sofria *bullying* por ter muitas espinhas no rosto.

Luiz Henrique trabalhava com o pai, na zona leste de São Paulo, ajudante de serviços gerais, carpindo grama e recolhendo entulho. No dia do ataque, acordou cedo, e, às 6h00min foi junto com o pai para a estação de trem, mas quando chegaram lá, ele alegou que não estava se sentindo bem, com febre e dor de garganta, e que iria voltar para casa.

Por terem comportamentos antissociais e serem vítimas de *bullying* praticado por meninas, os atiradores de Suzano desenvolveram forte sentimento de ódio às mulheres e expressaram várias vezes o desejo de se vingarem de meninas, inclusive planejando cometer humilhações sexuais, como, por exemplo, mandar as meninas tirarem totalmente as roupas e depois as matarem. E até mesmo cogitaram de cometer estupros durante o ataque.

Uma prova disso é que, depois do ataque, com as investigações nos computadores e celulares de Guilherme e Luiz Henrique, foram encontradas visitas e participações no fórum de discussões na internet chamado de "Dogolachan", criado em 2013 pelo *hacker* brasileiro Marcelo do Valle Silveira Mello. Esse fórum propagava todo tipo de ódio e preconceito contra negros, judeus, gays, nordestinos, contra o governo e, também, contra mulheres, tratadas como objetos, com total desprezo.

Pelas conversas entre Marcelo do Valle, Guilherme e Luiz Henrique, os policiais puderam ver claramente que o *hacker* influenciou e orientou os dois rapazes a realizarem o ataque na escola de Suzano.

Com relação à motivação da vingança por terem sofrido *bullying*, para matarem e tentarem matar tantas pessoas, leva Guilherme e Luiz Henrique a uma triste e crescente lista de jovens que, num primeiro momento, são vítimas e, por uma série de motivos, por causa dos agressores, da omissão de quem poderia ajudar ou denunciar, da falta de providências de professores e autoridades para reprimirem essas condutas de *bullying* tomam a atitude radical de tirarem outras vidas.

Guilherme e Luiz Henrique tinham planejado o ataque durante seis meses, no mínimo. Pesquisando na internet sobre crimes do tipo, se espelharam muito no ataque à escola de Columbine, em 1999, nos Estados Unidos, praticado também por dois ex-alunos que mataram 13 pessoas, feriram 24 e depois se mataram, quando a polícia chegou. Segundo comentários escritos no fórum Dogolachan, eles iriam realizar um feito maior do que Columbine.

As investigações levaram a um terceiro rapaz de 17 anos, amigo dos dois, que teria participado de todo o planejamento do ataque e da aquisição das armas e iria com Guilherme e Luiz Henrique atacar a escola, mas, no último momento, parece ter desistido. O Ministério Público pediu a internação dele por ter ajudado na preparação do crime.

O ataque foi planejado com uma antecedência de pelo menos seis meses. O revólver calibre .38 e a munição foram comprados ilegalmente. O machado e as facas foram adquiridos sem problemas. O arco e a besta foram adquiridos em um site de compras *on-line*, em que basta ter 18 anos para adquirir essas armas, sem burocracia. Eles tentaram comprar ilegalmente outras armas de fogo, inclusive um fuzil, mas não conseguiram dinheiro. O artefato explosivo simulado foi construído conforme instruções da internet.

Luiz Henrique alugou um carro em uma locadora distante cerca de dois quilômetros da escola, em 21 de fevereiro, um ônix branco. A princípio, a necessidade desse carro pode ter sido só para levar as armas de uma forma mais discreta, ou até mesmo para ser usado na fuga. Esse carro foi alugado até o dia 15 de março e foi escondido em uma garagem nas proximidades.

No dia 13 de março, provavelmente às 9h30min, Luiz Henrique e Guilherme pegam o carro, colocam as armas em mochilas e vão até o lava-jato Jorginho, bem próximo à escola. A loja pertencia ao tio de Guilherme, Jorge Antonio de Morais, de 56 anos. Lá, possivelmente, Guilherme dispara três tiros contra o tio. Ele depois é socorrido a um hospital próximo, mas morre na cirurgia.

Há duas hipóteses para esse homicídio. Jorge Antonio teria brigado com Guilherme dois anos antes e despedido o rapaz, que trabalhava na loja. Guilherme queria se vingar. Ou, de algum modo, Jorge Antonio acabou descobrindo os planos do ataque e foi morto para que não contasse a ninguém.

Às 9h40min, Guilherme, provavelmente, postou uma foto no Facebook usando uma máscara com uma caveira desenhada, cobrindo o rosto e segurando um revólver.

Figura 38 - Foto postada por Guilherme Monteiro, minutos antes do ataque.

Fonte: Revista Isto É

Às 9h43min, uma câmera de segurança de uma casa do outro lado da escola registra o ônix com os dois rapazes estacionando quase em frente ao portão da escola. Guilherme, que estava no banco do carona, sai do carro e entra na escola, que estava com o portão aberto. Luiz Henrique entra em seguida.

Às 9h45min, os primeiros tiros são disparados no saguão de entrada, atingindo Marilena Ferreira Milena Umezo, de 59 anos, coordenadora pedagógica, que acabou morrendo. Eliana Regina de Oliveira Xavier, de 39 anos, inspetora de alunos, também é atingida e morta. Provavelmente Guilherme fez os tiros e recarregou a arma com um *speed loader*, um carregador rápido de munição para revólveres.

Como estava no horário de recreio, os atiradores ativos se dirigiram para o pátio, onde estavam vários alunos e atiraram em quatro do ensino médio. Um dos atacantes, possivelmente Luiz Henrique, estava com uma machadinha e deu vários golpes em alunos que já estavam caídos no chão e em outros alunos que tentavam sair correndo e passavam por eles.

Na sequência, os atiradores foram em direção a uma sala de aula, onde se ministrava um curso de línguas, atirando e dando golpes de machado em quem viam pela frente.

Várias crianças conseguiram sair correndo e gritando para a rua e isso alertou um vizinho da escola, que era o Cabo da Polícia Militar do Estado de São Paulo, Eduardo Andrade Santos, de 34 anos, de folga e em trajes civis, que imediatamente entrou armado na escola para averiguar o que estava acontecendo. Arma em uma mão e distintivo em outra, ele gritava para os alunos que era policial e para que eles saíssem correndo.

Rapidamente, ele encontrou com um dos atiradores ativos e atirou contra ele, mas não acertou. O atirador se escondeu atrás de uma parede.

Uma equipe da Força Tática do 32º Batalhão de Policiamento Metropolitano, comandada pelo Sargento Anderson Luiz Camargo, que já estava em deslocamento para a ocorrência dos tiros disparados no lava-jato, quando viu as crianças correndo para a rua, os policiais pararam, se equiparam com um escudo à prova de balas e entraram na escola, encontrando o policial em trajes civis que logo se identificou e contou o que estava acontecendo.

Os policiais da Força Tática se deslocaram até onde os atiradores ativos estavam. Quando Guilherme viu os policiais, atirou na cabeça de Luiz Henrique e, em seguida, se matou com um tiro na cabeça. Eram 9h55min, e os dois atiradores ativos estavam mortos.

Durante o tempo em que o ataque estava acontecendo, dentro da escola, o Centro de Operações da Polícia Militar (COPOM) recebeu 69 ligações relacionadas ao ataque. Até mesmo de alunos que estavam ainda escondidos dentro da escola.

O apoio continuou a chegar, várias viaturas e ambulâncias chegaram ao local, muitos pais, que estavam próximos à escola, queriam ver seus filhos, sendo que alguns entraram na escola minutos depois do término dos tiros. Houve uma grande dificuldade para cercar e isolar a escola e para realizar o socorro aos feridos.

Os hospitais da região, por ficarem de repente sobrecarregados de feridos por tiros, machadadas, alunos que se feriram na fuga, gente com crises nervosas ou passando mal, tiveram dificuldades também para atender a todos.

Equipes da Força Tática fizeram varreduras nas dependências da escola para verificar se havia outros atiradores ativos dentro da escola, mas encontraram apenas uma bolsa que aparentava conter explosivos. A área próxima à bolsa foi isolada.

O GATE, Grupo de Ações Táticas Especiais da Polícia Militar do Estado de São Paulo, já estava se dirigindo para o local, mas a sede do GATE fica a cerca de 35 minutos de carro do local da ocorrência. Foi acionado o esquadrão de bombas do GATE, quando foi encontrado o suposto artefato explosivo.

O esquadrão de bombas do GATE chegou ao local e examinou o suposto artefato. Um padrão internacional diz que na dúvida se é real ou não, ou se tenta uma remoção ou o desmantelamento do artefato explosivo, com explosão controlada. E o GATE se preparou para tomar esses procedimentos, mas constatou, através de raio-X, que se tratava de um simulacro.

Nesse meio tempo, os policiais perceberam a presença do ônix branco em frente da escola e, pelas informações recebidas de que havia um carro com aquelas características envolvido no homicídio no lava-jato, foram averiguar. Mas devido à possibilidade de haver explosivos no interior do veículo, o esquadrão de bombas fez uma busca minuciosa em seu interior, mas nada foi encontrado.

Cerca de 40 minutos após o término do tiroteio, o governador do Estado de São Paulo, João Dória, o secretário de Segurança Pública, General João Camilo Pires de Campos, e o comandante-geral da Polícia Militar do Estado de São Paulo, Marcelo Vieira Salles, chegaram ao local da ocorrência, para se informarem sobre o que havia ocorrido e concederem uma entrevista coletiva para a imprensa.

Houve uma certa dificuldade no gerenciamento do incidente com relação ao atendimento aos familiares das vítimas, inclusive psicológico, a coleta, centralização e divulgação das informações para os familiares e para a imprensa.

Mesmo quando as informações sobre os mortos, feridos e sobre os atiradores foram transmitidas por autoridades em uma coletiva de imprensa, alguns dados estavam incorretos e incompletos.

Os recursos no local não tiveram a coordenação e o controle necessários e de maneira rápida em incidentes desse tipo. Para os padrões brasileiros, a superação dessas dificuldades foi bem rápida, cerca de 30 minutos. Mas com os devidos ajustes e com um Sistema de Gerenciamento de Incidentes e Crises e um Centro de Controle de Incidentes esse tempo pode diminuir muito.

Cinema e Shopping Center

Cinema do Shopping Morumbi, em São Paulo

Em 3 de novembro de 1999, na sala 5 do cinema do *Shopping* Morumbi, em São Paulo, durante uma sessão do filme *Clube da Luta*, o estudante de medicina, Mateus da Costa Meira, com 24 anos, armado com uma submetralhadora Cobray M-11, calibre 9mm, disparou vários tiros contra a plateia, matando 3 pessoas e ferindo outras 4. Após disparar, foi detido por frequentadores do cinema, entregue à segurança do *shopping* e posteriormente preso pela polícia.

O caso, conhecido como "O atirador do *shopping*" teve muita repercussão, tanto pelo local onde ocorreu como por quem o praticou. Mateus da

Costa Meira, estudante de medicina do 6º ano de uma renomada faculdade da cidade de São Paulo, iria se formar em poucos meses.

Filho de um médico oftalmologista da Bahia, Mateus já apresentava problemas psicológicos na infância. Embora seu desempenho acadêmico no primeiro ano de medicina tenha sido muito bom, nos anos seguintes foi caindo drasticamente, além de seu comportamento introspectivo começar a piorar. Por isso, foi encaminhado para avaliação psicológica, que concluiu que ele era portador de depressão e tinha surtos de delírios psicóticos. Começou o tratamento, inclusive tomando remédios, mas não o manteve, deixando de tomar a medicação pouco tempo depois.

Após ter sido preso em uma busca na casa dele, foram encontrados indícios de que ele consumia grandes porções de cocaína, e o laudo do médico legista apresentou que no momento do ataque ele estava sob o efeito de substância entorpecente.

Embora ele possuísse legalmente uma pistola .380, quando decidiu praticar o ataque, foi atrás de uma arma mais potente, comprando a submetralhadora Cobray 9mm, capaz de disparar rajadas e com um carregador para 40 tiros, de um traficante por R$5.000,00.

Figura 39 - Submetralhadora Cobray M-11 calibre 9mm comprada ilegalmente pelo atirador do *shopping* e utilizada no ataque.

Fonte: Portal Folha de São Paulo/UOL

Talvez tenha escolhido o filme *Clube da Luta* por sua história apresentar um indivíduo que, como Mateus, apresentava delírios psicóticos, imaginando situações que, na verdade, não existiam.

No dia do ataque, chegou ao *shopping* e, antes de entrar no cinema, discutiu com um segurança, mas só trocaram algumas palavras. Mateus entrou no cinema, assistiu ao filme por uns 15 minutos, foi até o banheiro, tirou a submetralhadora de dentro de uma mochila e realizou um disparo contra seu próprio reflexo, no espelho.

Voltou, então, ao cinema, atirando em quem estava na primeira fila. Algumas pessoas da plateia acharam que o barulho de tiros vinha do filme. Mateus teve algumas dificuldades para manejar a arma, mas atirou em direção a uma concentração de pessoas que estavam sentadas próximas a ele. Realizou 36 disparos dentro do cinema.

Os tiros duraram três minutos, e ele parou, possivelmente, porque acabou a munição. Foi dominado por alguns frequentadores do cinema e entregue aos seguranças do *shopping*, que o entregaram aos primeiros policiais que chegaram ao local.

Durante seu julgamento, a defesa alegou que ele era mentalmente incapaz. Mateus, em seu depoimento à Justiça, alegou que ouvia "vozes" em sua cabeça e que pensou que estava atirando em "alienígenas", como em um jogo virtual, e não em pessoas.

Apesar das alegações, foi considerado culpado e sentenciado inicialmente a 120 anos de prisão (embora, segundo as leis brasileiras da época, ninguém poderia ficar preso mais de 30 anos). Uma posterior revisão da sentença o condenou a 48 anos e 9 meses.

Em novembro de 2019, uma junta considerou que, 20 anos depois de cometer o ataque, Mateus, pelo seu atual comportamento em um Hospital de Custódia e Tratamento da Bahia, para onde foi transferido a pedido da família, poderia receber condicional, podendo voltar às ruas, "pois não apresenta qualquer alteração de comportamento que indique periculosidade", apesar de, em 2009, ter tentado matar a facadas um companheiro de cela, mas foi considerado inimputável, para ser responsabilizado por esse crime.

Igreja

Catedral Católica em Campinas

Em 11 de dezembro de 2018, na Catedral Nossa Senhora da Conceição, na cidade de Campinas, Estado de São Paulo, Euler Fernando Grandolpho, um analista de sistemas de 49 anos, durante uma missa, utilizando um revólver calibre .38 e uma pistola 9mm, disparou cerca de 20 tiros contra os fiéis, matando 5 pessoas e ferindo outras 3. Em uma troca de tiros com policiais militares que chegaram à igreja, foi alvejado com um tiro no tórax e caiu ao solo, e, em seguida, se matou com um tiro na cabeça.

Segundo anotações encontradas na casa de Euler, ele havia planejado "fazer algo grande", desde 2008. As armas haviam sido compradas ilegalmente, possivelmente no Paraguai, em uma das viagens que ele fez àquele país. Ele realmente estava bem preparado para o ataque, pois, além dos vinte disparos que ele efetuou, havia mais 28 cartuchos de munição 9mm, em carregadores, no interior de uma mochila que ele levava.

Euler morava na cidade de Valinhos, onde havia nascido, bem perto de Campinas, com o pai, viúvo, em um condomínio. Trabalhou como auxiliar da promotoria no Ministério Público de São Paulo, até 2014, sendo exonerado a pedido. Segundo familiares, era recluso, antissocial e já tinha passado por tratamento para depressão. As investigações não conseguiram apurar as causas do ataque.

Local de trabalho

Empresa de informática no bairro da Saúde, São Paulo

Em 21 de dezembro de 2019, no interior de uma empresa de informática, localizada à rua Luís Góis, no bairro da Saúde, na cidade de São Paulo, um ex-funcionário da empresa, Maykon Prado de Moraes, de 36 anos, armado com uma faca e um revólver calibre .38, entrou na empresa e efetuou disparos, matando duas funcionárias. Policiais militares, que chegaram rapidamente à empresa, trocaram tiros com Maykon, que foi baleado no revide e socorrido a um hospital nas proximidades, onde veio a óbito.

Maykon era ex-funcionário da empresa. Alguns dias antes, durante uma festa de confraternização de fim de ano, ele havia se desentendido com colegas de trabalho, motivo pelo qual ele teria sido despedido, no dia do ataque. Para se vingar, invadiu a empresa e atirou contra os ex-colegas.

Na residência

Familicídio em Campinas

Em 31 de dezembro de 2016, em uma casa na Vila Proost de Souza, na cidade de Campinas, Estado de São Paulo, o técnico em laboratório na área de ciência e tecnologia, Sidnei Ramos de Araújo, de 46 anos, pulou o muro da casa, onde a família da ex-esposa realizava uma festa de virada de ano, armado com uma pistola de 9mm e alguns explosivos improvisados amarrados ao corpo, atirando em várias pessoas, matando 12, inclusive a ex-esposa e o seu filho de 8 anos, e ferindo outras 3 pessoas. As vítimas eram quase todas da mesma família. O atirador se matou com um tiro dentro da casa.

Sidnei estava separado da ex-esposa, Isamara Filier, havia alguns anos. Um dos motivos da separação seria que Sidnei abusava sexualmente do próprio filho, Victor. Isamara já havia registrado cinco boletins de ocorrência de ameaça e agressão contra Sidnei.

Segundo gravações feitas por Sidnei, antes do ataque, e encontradas pela polícia, ele pretendia ter realizado o ataque no dia de Natal, para atingir mais pessoas da família de Isamara, mas não teve oportunidade, deixando para a véspera de ano-novo. A pistola foi adquirida ilegalmente. Aproveitando seu conhecimento técnico, Sidnei fez os artefatos explosivos, mas a condição de serem detonados não foi comprovada pelo esquadrão de bombas do GATE, que esteve no local.

Algumas cartas que Sidnei tinha escrito descreviam o planejamento do ataque e demonstravam todo o ódio que ele tinha por Isamara e sua família. Alguns trechos da carta exortam outros homens a tomaram atitudes como a dele, porque a justiça não os ajudaria a ficar com os filhos, e as mulheres eram as culpadas. Os textos eram altamente recheados de sentimentos machistas, misóginos e pregavam abertamente o feminicídio.

Observações sobre casos de atirador ativo no Brasil

As chacinas

Certamente, os casos de atirador ativo, no Brasil, em comparação com os Estados Unidos ou a Europa, acontecem com menos frequência. Mas isso não quer dizer que são improváveis. Embora não tenhamos abertamente problemas de atiradores ativos ligados diretamente a grupos terroristas islâmicos, há algumas situações no cenário nacional que precisamos observar atentamente.

Na verdade, a maioria dos casos brasileiros citados aqui são classificados pela imprensa nacional com outras denominações. Chacina e massacre são termos bem comuns por aqui, pois o termo "atirador ativo" não é muito conhecido ou empregado no Brasil.

Por isso, embora poucos casos sejam registrados como "atirador ativo", as ocorrências chamadas de chacinas ou massacres são, infelizmente, comuns no cenário nacional.

Normalmente, para ser classificado como chacina, o crime de homicídios múltiplos possui pelo menos três vítimas. Na maioria dos casos, são várias pessoas que são atingidas, e os atacantes querem eliminar suas vítimas, matando ou ferindo várias pessoas.

Então o que conhecemos como chacina, aqui no Brasil, pode ser enquadrado, tecnicamente, em muitos casos, como uma ocorrência de atirador ativo.

Mas qual a diferença na prática? Uma situação de atirador ativo é caracterizada quando o atirador ou atiradores estão em atividade, ou seja, matando ou tentando matar pessoas.

Infelizmente, na maioria das chacinas, a polícia chega ao local do crime muitas horas depois que o atirador ou atiradores já fugiram do local. Isso acontece por vários fatores, em especial, o tempo de resposta da polícia para esse tipo de ocorrência, isto é, o tempo que decorre entre o acionamento da central 190 e a chegada da primeira viatura ao local.

As pessoas no Brasil demoram para ligar para a polícia em casos onde ocorrem tiros. Seja por medo de represálias ou por puro descomprometimento, tipo "não é comigo"; mesmo ouvindo os tiros, as pessoas demoram para ligar para a polícia.

Quantos casos de chacinas no Brasil em que a polícia é acionada somente horas depois de terem cessado os tiros? Quantas situações ocorrem em que a polícia só é avisada quando alguém encontra os corpos estirados na rua, no dia seguinte?

Dificilmente, no caso da chacina, o atirador comete suicídio após atirar nas pessoas. Entretanto, já dissemos que a tendência suicida pode ser um traço marcante para atiradores ativos, mas não é essencial.

Mais um detalhe, aqui no Brasil, a chacina virou um crime comum, do dia a dia. Dificilmente vai acontecer em um bairro nobre, em um *shopping center* ou envolvendo gente de alta classe. Em sua imensa maioria, acontecem na periferia, na calada da noite, envolvendo gente pobre, "sem importância". Não causa comoção, não chama a atenção da imprensa.

Outra coisa que dificulta muito para as chacinas serem tratadas como casos de atirador ativo é que a maioria das chacinas permanece como crimes de autoria e motivação desconhecidas. O índice de resolução, e até mesmo de investigação, da polícia brasileira, para as chacinas, é extremamente baixo.

Não chamam a atenção da sociedade porque a maioria das vítimas é de pessoas com antecedentes criminais ou envolvidas com o tráfico de drogas, ou indigentes, pessoas em situação de rua ou pessoas pobres.

Com relação à motivação, as autoridades têm uma resposta pronta: "Trata-se de crime relacionado ao tráfico de drogas" ou, então, "é acerto de contas entre bandidos". Simples. O caso já está solucionado. Por que perder tempo investigando? Por que prender alguém que fez um bem pra sociedade, matando "bandidos"? Infelizmente, esse é o pensamento de algumas autoridades.

O pensamento comum da população é que quem morre em uma chacina merecia morrer, era ligado ao crime. Mas em quantas dessas chacinas também morrem pessoas inocentes, que só estavam no lugar errado e na hora errada? Em quantos desses casos, crianças pequenas, e até mesmo bebês de colo, são mortos dentro do barraco na favela, junto com seus pais, que tinham dívidas de drogas? Quantos trabalhadores foram mortos porque passavam em frente a um bar, onde estava ocorrendo uma chacina, só para não servirem de testemunhas contra os assassinos?

E quem são as pessoas que praticam as chacinas no Brasil? Podemos encontrar o indivíduo com transtornos mentais, o marido traído, o estudante vítima de *bullying* e outros tipos de indivíduos que já citamos. Mas as chacinas têm características próprias. Podem ser organizações criminosas, facções ou milícias, em vinganças, cobranças ou disputas por territórios. Podem, também, infelizmente, serem agentes da lei, como policiais ou guardas municipais que querem se vingar de alguém ou fazer justiça com as próprias mãos.

Talvez, se a polícia chegasse rapidamente ao local dos tiros, e ainda encontrasse os atiradores em ação, essa ocorrência seria tratada como atirador ativo e não como chacina.

O que chega a assustar são os números sobre chacinas. Enquanto o FBI registrou, em 2018, **em todo o território dos Estados Unidos**, 27 casos classificados como incidentes de atirador ativo, com 213 vítimas, o jornal *O Globo,* de 2 de outubro de 2019, publicou uma matéria sobre chacinas, e, entre outros dados, trouxe que, em 2018, **apenas no Estado do Rio de Janeiro** houve 54 chacinas, com 188 vítimas.

Figura 40 - Gráfico com o número de chacinas e vítimas no estado do Rio de Janeiro, de 2009 a 2018.

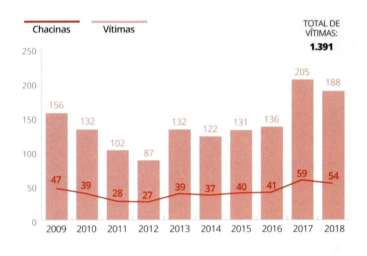

Fonte: *O Globo*

A mesma pesquisa de *O Globo* classificou o caso da escola de Realengo, em 2011, como uma chacina. Ou seja, um caso claro de atirador ativo é, na verdade, aqui no Brasil, uma chacina. A diferença mesmo é a repercussão do fato.

Vamos citar rapidamente alguns casos famosos classificados como chacinas aqui no Brasil:

Chacina de Vigário Geral

Em 29 de agosto de 1993, na favela de Vigário Geral, na cidade do Rio de Janeiro, cerca de 36 homens encapuzados e armados com pistolas e fuzis arrombaram as portas de várias casas e mataram a tiros 21 pessoas. A chacina foi uma vingança pela morte de 4 policiais militares no dia anterior, em uma suposta emboscada armada por traficantes. Dos 52 policiais militares acusados pelos crimes, somente 3 foram efetivamente presos. A maioria dos denunciados foi absolvida por falta de provas. Essa chacina teve repercussão internacional.

Figura 41 - Algumas das vítimas da chacina de Vigário Geral.

Fonte: *O Globo*

Chacina da Baixada Fluminense

Em 31 de março de 2005, nos municípios de Nova Iguaçu e Queimados, na Baixada Fluminense, no Estado do Rio de Janeiro, 4 policiais militares, no horário de folga e em trajes civis, em uma represália ao comando do batalhão onde trabalhavam, com sede em Nova Iguaçu, que endureceu o tratamento com a tropa, saíram em um carro particular e começaram a atirar em pessoas que andavam pelas ruas, matando 17 pessoas em Nova Iguaçu, e 12 pessoas em Queimados, fazendo 29 vítimas, a maioria eram pessoas comuns, sem antecedentes criminais.

Foram denunciados, por envolvimento nessa chacina, 11 policiais militares, sendo que apenas 5 foram condenados e os outros absolvidos por falta de provas. Um dos policiais denunciados foi executado a tiros, após aceitar o benefício da delação premiada. Os policiais militares condenados, além de terem participado da chacina, também participavam de um grupo de extermínio na região.

Chacina na Grande São Paulo

Em 13 de agosto de 2015, nos municípios de Osasco e Barueri, na Grande São Paulo, Estado de São Paulo, cerca de 4 indivíduos em um carro foram a vários locais, como bares, nas duas cidades, e atiraram contra várias pessoas, como mostram imagens de uma câmera de segurança de um bar em Barueri, com imagens de homens encapuzados entrando e atirando no frequentadores. No espaço de duas horas, 30 pessoas foram baleadas, sendo que 23 morreram.

As investigações chegaram a três policiais militares e um guarda civil municipal. A motivação teria sido vingança contra a morte de um policial militar e um guarda civil, vítimas de roubos, em situações diferentes, dias antes. Alguns dos locais onde as vítimas da chacina foram baleadas seriam locais frequentados pelos supostos assassinos do PM e do GCM.

Julgados em setembro de 2017, o Soldado PM das Rondas Ostensivas Tobias de Aguiar — ROTA —, Fabrício Eleutério, foi condenado a 255 anos de prisão pelos homicídios, o PM Thiago Henklain, a 247 anos, e o guarda civil Sérgio Manhanhã, a 100 anos. Outro PM Cristilder Silva dos Santos, julgado separadamente, foi condenado a 119 anos de prisão. Em setembro de 2019, a justiça manteve a condenação de Eleutério a 255 anos de prisão e a de Henklain a 247. Os julgamentos de Manhanhã e de Santos foram anulados e remarcados para outra data.

Chacina de Cajazeiras

Em 25 de janeiro de 2018, em uma casa de espetáculos chamada *Forró do Gago*, no bairro de Cajazeiras, na cidade de Fortaleza, Estado do Ceará, cerca de 7 homens armados invadiram o forró e atiraram aleatoriamente nos frequentadores, tanto dentro quanto fora do local, matando 12 pessoas, sendo 8 delas mulheres. Na confusão, os atiradores fugiram.

Nas investigações que se seguiram, a polícia descobriu que a chacina foi resultado de uma disputa territorial entre a facção Guardiões do Estado e a facção Comando Vermelho pelo tráfico de drogas em Fortaleza. Os Guardiões do Estado atacaram o *Forró do Gago* porque o local era um reduto de integrantes e simpatizantes do Comando Vermelho. Cerca de 14 pessoas foram detidas e acusadas pelos homicídios.

Atentados terroristas no Brasil

O Brasil é um país pacífico, sem problemas com terrorismo. Será? Durante a época do regime militar, várias organizações foram formadas para a luta armada contra o governo. Eram movimentos de guerrilha que realizavam atos terroristas. Assassinatos, sequestros e atentados à bomba aconteceram no Brasil, nos anos de 1960 e 1970, praticados por várias organizações de esquerda.

Nos anos seguintes, foi a vez da direita, através de militares descontentes, realizar atos terroristas para criar um clima de insegurança, colocando bombas em bancas de jornais, até o malfadado atentado ao Rio centro. Esses atentados, tanto de esquerda quanto de direita, tinham motivações políticas.

Nos anos 2000, as novas tecnologias e a globalização trouxeram ao mundo um novo campo no qual grupos terroristas e pessoas interessadas em cometer ataques iriam ter um vasto território para explorar: a rede web, a internet.

Marcelo Valle Silveira Mello

No Brasil, pessoas como Marcelo Valle Silveira Mello, nascido em Brasília, em 1985, iriam ganhar destaque nessa área. Estudou Letras na Universidade de Brasília e formou-se em Ciência da Computação na Universidade Católica de Brasília.

A partir de 2005, quando estava na universidade de Brasília, publicou em mídias sociais na internet comentários racistas contra negros. Logo começou a praticar e fomentar crimes de ódio contra mulheres, gays e outras minorias, se declarando de extrema-direita e com ideias nazistas. Marcelo do Vale planejou um ataque que, felizmente, não ocorreu, contra estudantes da Universidade de Brasília.

Suas ideias e seus comentários se tornaram tão agressivos que, em 2009, foi o primeiro condenado no Brasil por crime de racismo no ambiente virtual. Em maio de 2012, a Polícia Federal Brasileira desencadeou a operação "Intolerância", e Marcelo Valle foi detido por seus sites e grupos de discussão que fomentavam crimes de ódio. Foram também descobertos planos que ele tinha para cometer um ataque e matar alunos na Universidade de Brasília.

Marcelo do Valle foi condenado a 6 anos e 7 meses de prisão por vários crimes de intolerância e por pedofilia. Após cumprir 1/6 da pena, ou seja, 1 ano e 6 meses, foi beneficiado com o regime semiaberto, mas continuou a cometer seus crimes nos ambientes virtuais.

Por vários crimes como racismo, apologia ao crime, pedofilia, ameaça e até terrorismo, Marcelo do Valle foi preso novamente em maio de 2018, na Operação "Bravata", da Polícia Federal, e condenado, com a soma de todos os seus crimes, a uma pena de 41 anos de prisão.

Operação "Hashtag"

Às vésperas da realização dos Jogos Olímpicos do Rio de Janeiro, em 2016, a Polícia Federal brasileira desencadeou uma operação contra vários brasileiros suspeitos de serem simpatizantes do Estado Islâmico e que estariam se organizando para cometerem atos terroristas durante os jogos no Brasil.

Embora o Brasil não tivesse um histórico recente de terrorismo, nem houvesse algum tipo de antecedente envolvendo ataques de grupos islâmicos em território brasileiro, a realização de grandes eventos, como a Copa do Mundo de 2014 e os Jogos Olímpicos de 2016, com grande cobertura da mídia e a presença de muitos atletas e de turistas, de países com potencialidade de atraírem ataques, como Estados Unidos e Israel, criaram um estado de alerta para a Agência Brasileira de Inteligência (ABIN) e para a Polícia Federal (PF).

Em abril de 2016, chegaram informes à ABIN de que o Estado Islâmico do Iraque e do Levante (EI) teriam criado um canal de divulgação de suas ideias, em português, e estariam compartilhando instruções de como realizar atentados durante os Jogos Olímpicos no Rio, atraindo alguns simpatizantes brasileiros.

Vários serviços de inteligência dos Estados Unidos e da Europa repartiram informações com a ABIN e a PF, que passaram a monitorar mais de 100 pessoas suspeitas de serem simpatizantes do EI, em território brasileiro, e que estavam se mobilizando através de grupos de relacionamento virtual para adquirir armas, incluindo armas químicas, e realizar atentados durante as competições, pretendendo matar até milhares de pessoas.

Em 21 de julho de 2016 foi desencadeada pela PF a operação "Hashtag", que prendeu 12 pessoas suspeitas em várias regiões do Brasil, entre eles Leonid El Kadre de Melo, que seria o líder do grupo brasileiro.

Entre os detidos também estavam Antônio Andrade dos Santos Júnior (nome islâmico Antônio Ahmed Andrade), de João Pessoa, na Paraíba, e Vitor Barbosa Magalhães (nome islâmico Vitor Abdullah) de Guarulhos, São Paulo, que dava aulas de árabe, tendo aprendido o idioma no Egito, para onde tinha viajado em 2012.

Figura 42 - Os brasileiros Antônio Andrade dos Santos Júnior (primeiro à esquerda) e Vitor Barbosa Magalhães (primeiro à direita), presos durante a Operação "Hashtag" da Polícia Federal Brasileira segurando uma bandeira do Estado Islâmico.

Fonte: Portal Record TV R7

Outro brasileiro preso, em 28 de julho, foi Chaer Kalaoun, investigado pela PF desde 2014 e que teria visitado a Síria e jurado fidelidade ao Estado Islâmico, embora sua prisão, segundo a Polícia Federal, não estivesse relacionada à operação "Hashtag", desencadeada dias antes.

Essas prisões só foram possíveis graças ao enquadramento dos detidos na lei 13.260, de 16 de março de 2016, chamada de lei antiterrorismo. Nas suas quatro fases, a operação "Hashtag" levou à detenção de 16 indivíduos suspeitos de integrar organização terrorista e cometer atos preparatórios para a prática de terrorismo. Em 4 de maio de 2017, 8 réus foram condenados, entre eles Leonid El Kadre de Melo, condenado a 15 anos de prisão. Foram as primeiras condenações pela lei antiterrorismo, no Brasil.

Ameaça a membros do Supremo Tribunal Federal Brasileiro

No final de fevereiro de 2020, a Polícia Federal Brasileira, através de um relatório oficial, alertou os ministros do Supremo Tribunal Federal (STF) de que um suposto grupo terrorista planejava atentar contra a vida dos magistrados e de suas famílias.

Um grupo intitulado de "Unidade Realengo Marcelo do Valle", que faz referência ao ataque à escola em Realengo, em 2011, onde foram mortos 12 estudantes e também a Marcelo Valle Silveira Mello, condenado por terrorismo e outros crimes de ódio a 41 anos de prisão, o que teria levado este grupo terrorista a ameaçar o juiz federal Marcos Josegrei da Silva, responsável pela condenação e ameaças ao Poder Judiciário Brasileiro.

As informações sobre a Unidade Realengo Marcelo do Valle ainda são consideradas sigilosas.

Como se preparar para um caso de atirador ativo

Pelo que expusemos até agora, certamente a possibilidade de ocorrer um caso de atirador ativo deve causar certo grau de preocupação aos cidadãos e aos órgãos de segurança pública. Os locais ou eventos em que podem ocorrer um caso desse tipo, o tipo de pessoa que pode se tornar um atirador ativo e suas motivações são inúmeros. Ou seja, qualquer pessoa, a qualquer hora, em qualquer lugar pode ser vítima do ataque de um atirador ativo.

Para nos prepararmos para um ataque de atirador ativo, devemos considerar três grupos de medidas: medidas preventivas, medidas reativas e medidas pós-evento.

Medidas preventivas

Não há possibilidade de evitar com certeza o acontecimento de um ataque de atirador ativo. A imprevisibilidade de onde, quando, como e por que pode acontecer um caso de atirador ativo faz com que apenas consigamos dificultar a ocorrência de um ataque.

Uma das medidas preventivas para dificultar um ataque de um atirador ativo é aumentar a segurança de um ambiente, seja local de residência, trabalho, estudo ou lazer.

Principalmente no Brasil se associa o aumento de segurança a medidas como contratar uma empresa de segurança, aumentar o tamanho de muros, instalar cerca elétrica e câmeras de vigilância. Na verdade, a segurança de um ambiente é muito mais que isso.

Podemos mencionar um conceito criado nos Estados Unidos, na década de 1960, conhecido como "Crime Prevention Through Environmental Design" (CPTED), que podemos traduzir como Prevenção Criminal Através do Design do Ambiente, que traz princípios a serem observados por arquitetos e engenheiros no projeto e na construção de ambientes para facilitar a segurança e que fazem parte da chamada "Prevenção Primária".

Os quatro princípios do CPTED são a vigilância natural, o controle natural de acessos, o reforço territorial e a manutenção e gestão.

A vigilância natural diz respeito a evitar que haja obstrução da visão de quem se encontra dentro de um ambiente, para que as pessoas possam ver quem se aproxima, quem está do lado de fora e o que está acontecendo nos arredores, naturalmente. Dessa forma, a escolha de grades em vez de muros, por exemplo, não tira a visão de quem está dentro do ambiente, e fica mais fácil de notar se há alguém observando do lado de fora.

Figura 43 - Um exemplo claro de conceitos do CPTED: os arbustos em frente ao imóvel, antes (before), podem esconder um assaltante esperando o morador sair ou alguém forçando as janelas e entrando na casa. O poste de iluminação colocado depois (after) ajuda na segurança à noite.

Fonte: Departamento de Polícia de Sacramento

Um exemplo disso é um padrão existente em agências bancárias, ao redor do mundo, em que uma grande área, principalmente da entrada, é coberta com janelas grandes ou placas de vidro. Isso ocorre para que os funcionários e guardas do banco visualizem se alguém suspeito está chegando ou está parado na frente do estabelecimento.

Serve também para que quem está do lado de fora visualize se está ocorrendo algo estranho dentro do banco. Aqui, no Brasil, as agências têm essas paredes de vidro mas colocam plantas, *banners* ou cortinas, dificultando a visão para o interior ou exterior. Quantas vezes uma viatura policial já passou na frente de um banco em que uma quadrilha abria caixas eletrônicos e não avistou nada porque havia vários obstáculos atrapalhando a visão?

Controle de acessos não é apenas colocar grades, portas e muros. Muros podem ser pulados e portas podem ser arrombadas. É necessário que ocorra uma identificação e seleção de quem entra em determinado ambiente.

Para isso, é necessária a presença física de um segurança ou de algum serviço de portaria, para identificar o visitante, saber qual o motivo da visita e entrar em contato com a pessoa dentro do edifício, para saber se o visitante está sendo esperado. Tudo isso dificulta e pode inibir um eventual atirador ativo de escolher aquele local como alvo.

Câmeras podem parecer uma solução mágica para repelir criminosos. Mas elas têm duas funções principais: inibir ou desencorajar criminosos, que possam ter medo de ser identificados, e auxiliar na prisão desses criminosos, com a identificação deles pelas imagens.

Entretanto, esse fator inibitório é relativo, pois as câmeras podem ser evitadas. Quando o criminoso sabe sua localização, ele pode usar máscaras, capacete de motociclista, boné ou óculos, para não ser reconhecido, ou simplesmente atirar nas câmeras ou levar o sistema de coleta de imagens após cometer o crime. No caso de ataque de atirador ativo, alguns podem até mesmo querer ser filmados, para registrarem seus atos.

Figura 44 - Câmeras de segurança da escola Marjory Stonemam Douglas filmaram o atirador ativo Nikolas Cruz durante o ataque que matou 17 pessoas. Não inibiram a ação do atirador, mas permitiram a identificação dele.

Fonte: Daily Mail

O reforço territorial é a diferença entre espaço público e privado, onde é permitida a livre circulação de pessoas e onde é permitida a circulação apenas de pessoas autorizadas. Grande parte das construções no Brasil é colada nas calçadas, locais onde qualquer pessoa pode transitar ou parar. Um espaço entre a calçada e a construção reforça a ideia de que aquele território é privado.

E de nada adianta todas as medidas anteriores se não há uma correta gestão e manutenção do ambiente. Limpo, pintado, conservado. A condição de abandono atrai vândalos e criminosos, comprovado através da famosa "teoria das janelas quebradas".

Outro fator preventivo para dificultar o ataque de um potencial atirador ativo é poder identificar pessoas que possam, por vários motivos, desencadear esse tipo de ação.

Principalmente nas escolas, é necessário um acompanhamento constante da saúde mental dos alunos, por vários motivos, que são tão óbvios, que não iremos discorrer sobre eles. A saúde mental no Brasil é deixada para terceiro plano, e a maioria dos transtornos atinge pessoas na fase de adolescentes e poderiam ser mais bem tratados se detectados precocemente.

A identificação de pessoas por equipes de psiquiatras e psicólogos, que possuam transtornos mentais graves e com alto índice de agressividade, é primordial. O tratamento, em certos casos, deve ser obrigatório, pois a pessoa não está apta a decidir por si mesma se deve ou não se tratar. Um alerta às autoridades de segurança pública e acompanhamento preventivo das atividades da pessoa diagnosticada com graves e violentos transtornos mentais também devem ser realizados.

Palestras sobre *bullying* são importantes para evitar todos os efeitos danosos dessa prática, infelizmente comum, e, muitas vezes, aceita em alguns grupos sociais. Não apenas em escolas, mas também em empresas, ressaltando que o assédio moral também é uma espécie de *bullying*.

As autoridades brasileiras, nos últimos anos, já perceberam a necessidade de monitorar indivíduos com determinadas condutas violentas. Pessoas que incitam o ódio e a discriminação, seja de gênero, de origem, de etnia ou religiosa, ou aqueles que mantêm contato ou demonstram simpatia por organizações criminosas ou terroristas devem ter suas atividades acompanhadas, inclusive aquelas que ocorrem no campo virtual.

O acesso a armas de fogo deve realmente ter um controle rígido, lembrando que apenas dificultar a venda legal de armas de fogo não impede que um indivíduo que esteja com intenções de cometer um ataque tenha acesso a elas. Se ele não pode comprar legalmente, irá atrás de meios ilegais para obter o que quer. Entretanto, a verificação de antecedentes e avaliação psicológica e técnica para compra de armas vai inibir, e muito, o acesso legal de indivíduos mal intencionados a armas de fogo.

Sabemos que é muito difícil prevenir o ataque de um atirador ativo. Portanto, precisamos antes de o fato acontecer preparar os órgãos de segurança pública e outros órgãos do Estado, para lidar com esse tipo de problema. Normatização, planejamento e, principalmente, treinamento são importantes para minimizar os danos que podem ser causados por uma situação do tipo.

Na parte preventiva, o esclarecimento sobre o que é uma situação de atirador ativo,para toda a população e o que as pessoas devem fazer durante um ataque devem ser importantes preocupações do Estado.

Escolas, universidades, *shoppings,* cinemas, empresas, enfim, todos os locais com grande concentração de pessoas, além dos procedimentos obrigatórios de evacuação do local e ação da brigada de incêndio, no caso de incêndios, deveriam criar planos de evacuação e atuação de funcionários e seguranças no caso do ataque de um atirador ativo.

Elaboração de normas de procedimento e divulgação delas, através de palestras, campanhas de esclarecimento, distribuição de vídeos, cartazes e folders, possivelmente irão orientar as pessoas a tomar as atitudes corretas durante o ataque de um atirador ativo e salvar vidas.

Medidas reativas

Para a população

Não foi possível evitar o ataque do atirador ativo. O que fazer? Como as autoridades devem proceder? Como uma pessoa que se encontra no local onde um indivíduo está atirando em todas os presentes deve proceder? Tudo isso já deve estar estabelecido antes, na fase preventiva. Na hora em que um ataque está ocorrendo, não vai dar tempo para esclarecer corretamente as pessoas como devem proceder ou improvisar como a polícia deve agir. Os ataques são rápidos e mortais.

Por isso, o U.S. Department of Homeland Security, que é o Departamento de Segurança Interna dos Estados Unidos, desde 2013, faz campanhas de esclarecimento e orientação através de vídeos, palestras cartazes, *folders* (em várias línguas, inclusive o português) orientando a população em geral a como proceder durante o ataque de um atirador ativo.

Primeiramente, nesse material é explicado o que é um atirador ativo, ou seja, um indivíduo geralmente armado com arma de fogo que, em um espaço delimitado e populoso, tenta matar o maior número de pessoas escolhidas de forma aleatória.

É uma situação imprevisível, que evolui rapidamente e que necessita de uma ação rápida da polícia, a fim de parar o atirador. O ataque de um atirador ativo dura geralmente entre 10 e 15 minutos, se não houver intervenção da polícia no local. As pessoas precisam estar preparadas mental e fisicamente para atuar nessa situação.

Para facilitar o entendimento e o aprendizado, as ações nos Estados Unidos foram divididas em três situações: **"RUN, HIDE OR FIGHT" (CORRER, ESCONDER OU LUTAR).**

Figura 45 - Folheto explicativo do governo americano sobre atiradores ativos.

Fonte: Homeland Security Department

Figura 46 - Folheto explicativo do governo americano, sobre como proceder em um ataque de atirador ativo.

COMO REAGIR
QUANDO HOUVER UM ATIRADOR ATIVO NAS PROXIMIDADES

1. FUGIR
- Tenha em mente seu plano e rota de fuga
- Abandone seus pertences
- Mantenha suas mãos visíveis

2. ESCONDER
- Esconda-se em local fora da visão do atirador
- Tranque a porta e bloqueie a entrada do seu esconderijo
- Silencie seu celular e/ou pager

3. LUTAR
- Como último recurso e somente com risco iminente de morte
- Tente neutralizar o atirador
- Ataque fisicamente e jogue coisas contra o atirador ativo

CHAME 911 QUANDO ESTIVER SEGURO

COMO REAGIR
À CHEGADA DA POLÍCIA NO LOCAL

- Fique calmo e siga as instruções
- Largue o que tiver nas mãos (como bolsas, casacos)
- Levante suas mãos e abra os dedos
- Mantenha suas mãos visíveis o tempo todo
- Evite movimentos bruscos para a polícia, como tentativa de agarrá-los para sua segurança
- Evite apontar, berrar ou gritar com raiva
- Não pare para pedir ajuda ou instruções aos policiais quando estiver fugindo

INFORMAÇÕES
A SEREM DADAS À POLÍCIA OU AO CHAMAR 911

- Localização do atirador ativo
- Número de atiradores
- Descrição física dos atiradores
- Número e tipo de armas na posse dos atiradores
- Número de possíveis vítimas no local

Fonte: Homeland Security Department

Em outros lugares, como no Reino Unido e em outros países da Europa, a orientação é **"RUN, HIDE AND TELL" (CORRER, ESCONDER E CONTAR).** Esse **CONTAR** seria ligar para os serviços de emergência. Não é encorajada a luta contra o atirador, mesmo com a possibilidade de ser morto.

Figura 47 - Cartaz do National Counter Terrorism Security Office, do Reino Unido

Fonte: National Counter Terrorism Security Office

Dessa forma, apresentamos uma junção dos dois procedimentos para a realidade brasileira, com as seguintes providências: **FUJA, SE ESCONDA, LIGUE OU LUTE.**

Algumas orientações gerais são examinar o ambiente em que se encontra, e possíveis perigos, identificando pelo menos duas saídas do local para serem utilizadas; **FUJA** rapidamente para a saída, em caso de emergência.

Se durante o ataque estiver em uma sala ou um escritório, **SE ESCONDA** dentro do local, trancando a porta. Se estiver em um saguão ou corredor, entre em uma sala e tranque a porta.

LIGUE para o serviço de emergência da polícia (no Brasil **190**) quando estiver seguro. Lembre-se de ligar primeiro para a **POLÍCIA** antes de ligar para outra pessoa. Muita gente, em situações de crise, liga primeiro para a família ou para amigos, perdendo minutos preciosos para chamar a polícia.

Só tente enfrentar o atirador ativo se ele estiver perto de você e se a probabilidade de atirar em você for muito alta. Então **LUTE** por sua vida, procurando neutralizar o atirador.

A primeira escolha deve ser, quando possível, **FUGIR** correndo do local. A orientação e ajuda de funcionários e seguranças, para indicar as saídas e vias de fuga, é de máxima importância. Saiba onde estão as saídas e tenha sempre em mente um modo de chegar rapidamente a elas.

Priorize **FUGIR**, mesmo que outras pessoas não concordem. Deixe seus pertences, como malas e bolsas onde estiver, não leve peso extra. Se possível, ajude outras pessoas a fugirem, principalmente crianças e idosos. Ajude a orientar as pessoas sobre as saídas e avise da presença do perigo e que elas devem também **FUGIR**. Se encontrar policiais durante a fuga, deixe sempre as mãos à vista, não segure nada e siga as orientações deles. Não procure mover feridos, pois pode agravar a situação deles. **LIGUE** para **190** quando estiver seguro.

No caso de não conseguir fugir, **SE ESCONDA** em um local o mais seguro possível e onde fique difícil o atirador ativo encontrar você. Escolha um lugar onde não fique encurralado e em que haja proteção dos tiros. Se escolher uma sala, ou banheiro, não fique atrás da porta, porque o atirador pode atirar nela e acertar em você.

SE ESCONDA, tranque a porta, e, se possível, faça uma barricada com móveis pesados. **ESCONDA-SE** atrás de móveis pesados, como sofás ou armários. Silencie o celular e desligue qualquer outra fonte de som ou de luz. Feche as cortinas. Não faça barulho. Abra a porta somente quando tiver certeza de que é a polícia que está do outro lado.

Mantenha-se calmo e **LIGUE** para o **190**. Fale baixo e pausadamente e informe o que puder sobre o que está acontecendo. As informações essenciais são: **ONDE** (endereço com nome da rua e número), **O QUÊ** (tiros disparados, pessoas sendo mortas) **QUEM** (quantos atiradores, se possível a descrição e localização deles no momento e quais armas eles estão usando). Obedeça todas as orientações do atendente da polícia.

Se não conseguiu fugir ou se esconder e for descoberto pelo atirador ativo, e ele está prestes a atirar, **LUTE** por sua vida. Lembre-se de que o fato do atirador conhecer você, e mesmo que tenham certo grau de amizade, pode não o impedir de atirar em você.

LUTE atacando o atirador da forma mais violenta possível. Grite, jogue móveis, objetos, improvise armas, tente atingir principalmente a região da cabeça. Tente neutralizá-lo ou atrapalhá-lo para que você possa fugir.

Quando a polícia chegar ao local, e você tiver contato com os policiais, mantenha-se calmo e levante as mãos, vazias, obedecendo a todas as instruções deles. Evite movimentos bruscos ou tentar segurar os policiais. Se possível e se você souber, informe a localização do atirador ativo e qual a aparência dele.

Entenda que a prioridade da polícia, nesses casos, é encontrar e neutralizar o atirador ativo. Então os primeiros policiais que chegarem ao local não poderão ajudar a evacuar as pessoas ou a socorrer os feridos. Conforme chegarem mais policiais e serviços de resgate pré-hospitalar, os feridos serão atendidos.

As pessoas que foram evacuadas possivelmente serão levadas a um local seguro, para triagem. Não deixe o local antes da autorização da polícia. Peça a parentes e amigos que só se aproximem se a polícia autorizar.

É muito importante identificar todas as pessoas, para saber quem está vivo, morto ou ferido. Se durante a evacuação você avistar um suspeito de ser o atirador ativo, tentando se passar por vítima e fugir, avise imediatamente a um policial.

Administração de locais com risco de sofrerem ataques de atirador ativo

Durante uma crise, as pessoas fazem o que foram treinadas para fazer nessas situações. Se não foram treinadas, possivelmente não farão nada, ou pior, tomarão atitudes impensadas e desesperadas que podem aumentar, em muito, o número de vítimas e de prejuízos.

Como já dissemos, não é durante um ataque que vai se descobrir o que e como deve ser feito. Planejamento e treinamento são partes essenciais de medidas preventivas. Portanto, na fase reativa, colocaremos em prática os procedimentos já assimilados pelas pessoas.

No Brasil, já existem previsões, inclusive legais, para prevenção e atuação nos casos de incêndios em estabelecimentos com grande concentração de pessoas.

É necessário um Auto de Vistoria do Corpo de Bombeiros (AVCB), que somente autorizará o funcionamento daquele local após vistoria de técnico do Corpo de Bombeiros, que verificará a existência e a condição de equipamentos de combate a incêndio, existência de vias de fuga desimpedidas, sinalizadas e adequadas à quantidade de público que existe no local, a existência de um plano de evacuação de emergência e de uma brigada de incêndio composta por funcionários do local, devidamente treinada e equipada, para dar os primeiros atendimentos.

Da mesma forma, escolas, universidades, *shopping centers*, cinemas, restaurantes, boates, prédios públicos, empresas, enfim, todos os lugares onde é necessário um AVCB devem possuir um planejamento sobre o que fazer no caso do ataque de um atirador ativo, orientando os frequentadores sobre o que eles devem fazer, organizando e treinando os funcionários sobre os procedimentos necessários para agir em situações desse tipo.

Para os frequentadores do local, os procedimentos devem ser claros e as orientações devem ser amplamente divulgadas e estarem em locais visíveis, para ciência de todos. Os funcionários têm duas atribuições principais.

Orientar e ajudar as pessoas a chegarem às saídas em uma evacuação de emergência e **LIGAR 190**, chamando a polícia. No caso de seguranças particulares, principalmente os que trabalham armados, deverão receber orientação e treinamento para neutralizarem um atirador ativo.

Não adianta haver planejamento e divulgação se não houver um treinamento periódico, para testar os procedimentos, corrigir possíveis falhas e preparar, principalmente os funcionários, para atuarem em casos de atirador ativo.

Figura 48 - A Polícia Federal Brasileira realizando uma simulação de atirador ativo no aeroporto de Viracopos, em Campinas (2019).

Fonte: Aeroporto de Viracopos

Forças de Segurança

Ressaltamos que qualquer medida reativa é consequência das medidas preventivas que foram adotadas. No caso das forças de segurança, se não houver planejamento, normas, equipamentos adequados, especialização para o atendimento de ocorrências de atirador ativo, tanto para as forças comuns quanto aquelas que desempenham funções táticas ou especiais e treinamento para todos, inclusive simulações, essas forças não estarão em condições de atuar de forma eficiente, eficaz e efetiva em situações desse tipo de crise.

Começamos com o atendimento da ligação de emergência, do 190. Da mesma forma que as pessoas no Brasil não estão acostumadas a ligar rapidamente para o telefone 190, para informar um crime ou pedir a ajuda da polícia, muitos órgãos de segurança pública têm um serviço ineficiente de atendimento, seja por demora em atender a ligação ou por burocracia, muitas vezes desnecessária, para a coleta de informações, muitas vezes por falta de treinamento ou qualificação do atendente.

Uma ocorrência de atirador ativo deve ser prioridade no atendimento. Sabemos que muitas vezes pode ser uma ocorrência de trote, e, às vezes, se aguarda uma confirmação para despachar a viatura. Entretanto, quanto mais tempo a viatura demorar para chegar ao local, maior é o número de vítimas e a possibilidade de o atirador fugir.

A prioridade das forças de segurança da polícia em uma situação de atirador ativo é **LOCALIZAR** e **NEUTRALIZAR** o atirador ativo.

A rapidez da polícia em chegar e adentrar ao ambiente onde está ocorrendo o ataque e localizar o atirador ativo é essencial. Desde o ataque de Columbine, nos Estados Unidos, em 1999, onde a demora da SWAT em entrar na escola e neutralizar os dois atiradores custou a vida de muitos estudantes, isso ficou bem evidente.

Até aquele episódio, nos Estados Unidos, a orientação para ocorrências do tipo era que os primeiros policiais que chegassem ao local cercassem a área, tentassem negociar com o atirador e aguardassem a chegada de equipes especializadas, como a SWAT, para poderem entrar no ambiente.

Os protocolos para atendimento de ocorrência de atirador ativo mudaram a partir daí nos Estados Unidos. Os primeiros policiais que chegam ao local devem procurar e neutralizar o atirador ativo, fazendo com que o perigo cesse. Outras medidas como cercar o local, providenciar a evacuação ou ajudar os feridos serão atendidas apenas quando mais policiais chegarem.

A negociação só ocorrerá se houver a comprovação da existência de reféns e se o atirador não estiver atirando em mais ninguém. Se ele ainda está atirando, ou matando pessoas, deve ser neutralizado.

Quando falamos de neutralização, nos referimos à necessidade de fazer com que o atirador ativo pare imediatamente de atirar contra as pessoas. Cada minuto que a polícia demora para fazer isso pode significar a morte de uma pessoa.

Essa neutralização pode acontecer de várias formas. Com a chegada da polícia ao local, o atirador, ao avistar os policiais, se suicida, como já foi registrado em diversos casos. Ou ele se rende, sem oferecer resistência, e é preso. Ou, no caso de resistir, ele é incapacitado, ou seja, não é mais capaz de atirar contra alguém, como, por exemplo, quando é morto a tiros, ou ser debilitado, quando é atingido, por exemplo, com armas não letais, e sua capacidade de resistir é diminuída, sendo, então, preso.

Não é obrigatório que o atirador ativo seja morto. Entretanto, respeitando a lei e os critérios técnicos, e avaliando as estatísticas dos casos já ocorridos, verificamos que a maioria dos casos de atirador ativo termina com a morte do atirador.

Diante disso, a reação da polícia deve ser dar uma **RÁPIDA RESPOSTA** a esse tipo de ocorrência, que irá se dividir em duas fases. A **PRIMEIRA RESPOSTA** e a **PRONTA RESPOSTA**. Podem parecer a mesma coisa, mas são fases e procedimentos distintos.

A **PRIMEIRA RESPOSTA** é dada pelos primeiros policiais que chegam ao local ou até mesmo por seguranças particulares armados e treinados que já estejam no local. Devem entrar no ambiente, localizar e neutralizar rapidamente o atirador ativo.

Esses primeiros policiais que chegam ao local, normalmente são patrulheiros comuns, sem equipamento ou treinamento tático especializado. Podem até ser policiais que fazem o patrulhamento escolar ou o policiamento de trânsito, que foram acionados pelo rádio ou estavam próximos e ouviram os tiros, ou viram gente correndo, ou foram solicitados pessoalmente por outras pessoas.

Isso é muito questionado, até mesmo nos Estados Unidos. Policiais comuns, patrulheiros, não são normalmente treinados e equipados para situações desse tipo. Muitos policiais nos Estados Unidos trabalham sozinhos na viatura. Existe uma linha que diz que até mesmo esse policial solitário entre sozinho e enfrente o atirador ativo, com todos os riscos que isso possa ter. Até porque a chegada de outros policiais em apoio lá é muito rápida, e o armamento, equipamento e os sistemas de rádios portáteis que eles possuem são muito bons.

Aqui no Brasil não é aconselhável policiais entrarem em um ambiente onde um atirador ativo está agindo com menos de três policiais, por diversas razões, como treinamento e equipamentos não apropriados, falta de rádios portáteis individuais e demora na chegada de apoio. Mas é preciso entrar rapidamente e neutralizar o atirador, sendo necessário um treinamento básico.

Por isso, nos Estados Unidos, pensou-se em investir no treinamento e na preparação de policiais nesse atendimento de primeira resposta a ocorrências de atirador ativo, quando foi criado, em 2002, no Texas, o programa Advanced Law Enforcement Rapid Response Training (**ALERRT**), ou seja, um Centro de Treinamento de Rápida Resposta para as Forças de Aplicação da Lei, um convênio entre a Universidade do Texas e o Departamento de Polícia daquele Estado. Em 2013 o Centro **ALERRT** foi considerado o padrão nacional para treinamento de policiais para ações contra atiradores ativos.

Esse treinamento consiste no ensino de táticas e técnicas básicas de busca, varredura e de "Close Quarters Battle" (CQB) ou combate em ambiente confinado, para patrulheiros, para atuarem na primeira resposta a uma ocorrência de atirador ativo com um mínimo de segurança.

Figura 49 - Policiais brasileiros treinando técnicas de CQB com instrutores americanos de SWAT, para agir contra atiradores ativos.

Fonte: arquivo pessoal dos autores

O conceito de **PRONTA RESPOSTA** diz respeito ao emprego de equipes táticas especializadas no atendimento de ocorrências de atirador ativo ou qualquer tipo de ocorrência de gravidade, como reféns ou artefatos explosivos.

Toda força policial, geralmente, tem em sua composição de 90 a 95% de seus policiais dedicados à função de patrulhamento diuturno, para ocorrências normais, do dia a dia. Os outros 10 ou 5% são policiais que são equipados ou treinados para ações táticas ou especiais, podendo atuar em níveis locais, regionais ou em toda a área da jurisdição daquela força policial. O nível de seleção, de treinamento e equipamento dessas equipes táticas podem variar conforme seu emprego.

As forças policiais precisam ter essas equipes táticas de Pronta Resposta em condições de atender rapidamente às ocorrências de atirador ativo, apoiando os policiais comuns que foram dar a Primeira Resposta.

Uma equipe tática de Pronta Resposta pode, muito raramente, ser a primeira equipe de policiais a chegar ao local de ocorrência de atirador ativo e dar a Primeira Resposta. E, em alguns casos, são essas equipes que irão neutralizar o atirador ativo quando chegam ao local do ataque. Mas geralmente a Pronta Resposta chega minutos depois, em apoio aos primeiros policiais. Muitas vezes, pela distância de deslocamento ou pelo tempo de resposta, quando as equipes táticas chegam ao local, o atirador já foi neutralizado. Cabe então a essas equipes táticas realizarem varreduras para procurar outras ameaças.

Figura 50 - Uma equipe tática das Rondas Ostensivas Tobias de Aguiar - ROTA.

Fonte: arquivo pessoal dos autores

Nas atribuições da polícia, assim que houver meios humanos e materiais suficientes, deve ser estabelecido, além do perímetro de cerco para identificar pessoas que estão saindo do ambiente da crise, para evitar, por exemplo, a fuga do atirador ativo, é extremamente necessário organizar o isolamento, ou seja, controlar a entrada de pessoas no perímetro interno do ambiente da crise.

É comum parentes e amigos de pessoas que estão em um lugar onde se encontra um atirador ativo tentarem entrar para fazer contato com seus entes queridos, correndo o risco de virarem vítimas.

A gestão dos recursos, regulando a falta ou excesso deles, estabelecendo prioridades, objetivos e missões para todos os envolvidos, através de um comando unificado, ajuda e agiliza o correto atendimento da polícia a uma situação de atirador ativo.

No Brasil, mesmo com os ataques nas escolas de Realengo e Suzano, não existem protocolos específicos e claros para o atendimento de ocorrências de atirador ativo. As equipes táticas são especializadas e equipadas para atender a ocorrências de gravidade, mas o policial comum carece de informações, normas e treinamentos para agir nesses casos.

E a falta de uma estrutura organizada, de um Sistema de Gerenciamento de Incidentes e Crises eficiente, com o estabelecimento de um posto de comando para centralizar o comando, a comunicação e o controle, gerir recursos, estabelecer prioridades e decidir ações é, infelizmente, um fator que gera muita dificuldade, aqui no Brasil, para a polícia atuar corretamente nos casos de atirador ativo.

Medidas pós-evento

Nos momentos iniciais da resposta das forças de segurança a um evento de atirador ativo, como já foi explicado, as prioridades são **LOCALIZAR** e **NEUTRALIZAR** o atirador ativo e acabar com as ameaças a vidas.

Mas também destacamos a importância de aplicar o Sistema de Gerenciamento de Incidentes e Crises na questão do comando unificado e no Gerenciamento por Objetivos, principalmente porque uma ocorrência desse tipo irá demandar vários tipos de serviços além da polícia, como bombeiros, trânsito, serviços de atendimento médico e pré-hospitalar, transporte público, empresas de água, luz e telefone, e outros órgãos, públicos e privados, que forem necessários.

Logicamente, no início de ocorrência de atirador ativo, no momento do caos, por falta de meios humanos e materiais, é difícil aplicar por completo a doutrina de ICS no Gerenciamento de Incidentes e Crises. Mas assim que esses meios vão aumentando, a necessidade de comando unificado e organização também crescem exponencialmente.

O próprio posto de comando começa, como chamamos, no "capô da viatura", quando aquele que está no comando centraliza as informações, decide as ações e dá as ordens. No decorrer do evento, a estrutura vai sendo ampliada e melhorada com novos recursos. A camada superior, no Centro de Operações, já deve estar em pleno funcionamento assim que a crise de atirador ativo se inicia. Para isso, são necessários planejamento e preparação prévios.

A divulgação de informações deve ser centralizada, checada, analisada e divulgada por quem o comando do incidente determinar e somente por ele. Informações erradas sobre o atirador ativo, sobre as vítimas, sobre mortos, feridos ou sobreviventes podem gerar desgaste e estresse desnecessários.

Além do atendimento médico aos feridos e às pessoas afetadas fisicamente pelo ataque do atirador ativo, o Estado deve se preocupar com o atendimento psicológico às vítimas e aos seus familiares, não só nos momentos imediatamente posteriores ao ataque, mas durante muito tempo, até para prevenir casos de suicídio entre sobreviventes.

Existe uma preocupação, nos Estados Unidos, sobre a forma que alguns meios de comunicação tratam casos de atirador ativo. Muitas vezes, a situação é tratada de forma sensacionalista, exibindo e expondo desnecessariamente a dor e o sofrimento de vítimas e dos familiares, só para ganhar audiência. Deve existir um mínimo de ética por parte da imprensa na cobertura desses eventos.

No Brasil, tivemos casos em que o atirador ativo foi tratado como "vítima" porque sofria *bullying*, era pobre ou tinha uma mãe drogada e ausente. Não se pode "endeusar" essas pessoas, por respeito às suas vítimas e para evitar que eles se tornem "heróis" para potenciais atiradores ativos.

As investigações não devem ser apenas no campo jurídico, para coletar evidências para uma condenação. Esses casos têm de ser estudados atentamente por equipes multidisciplinares, principalmente com especialistas em saúde mental, para determinar e entender as causas e motivações que levaram aquela pessoa a cometer esses atos. Deve ser examinado, também, como ele planejou e adquiriu os meios para realizar o ataque, até mesmo para dificultar que outras pessoas sigam esses caminhos.

As forças de segurança devem realizar estudos de casos para avaliar onde agiram errado ou onde agiram certo, para melhorar procedimentos, desenvolver novas técnicas, adquirir novos equipamentos e implementar treinamentos.

Conclusão

Procuramos comprovar a necessidade de uma atualização padronizada de um **Sistema de Gerenciamento de Incidentes e Crises** para a realidade brasileira, respeitando os níveis de aplicabilidade da metodologia do ICS e do NIMS.

Entretanto, ressaltamos que deve ser evitada a terminologia em outras línguas — que não seja o português — para facilitar o entendimento e a padronização em nosso país.

O termo crise permite um maior entendimento e uma maior aceitação da atualização por parte daqueles que já conhecem e aplicam o gerenciamento de crises, no Brasil, e facilita a atualização. Além do que, tecnicamente, incidente e crise são coisas diferentes.

Um grande legado da Copa do Mundo de 2014 no Brasil foi a construção de 12 Centros Integrados de Comando e Controle (CICC), nas 12 cidades-sede dos jogos da Copa, além da distribuição de 27 unidades de comando e controle móveis, fazendo parte de um Sistema Integrado de Comando e Controle (SICC). No entanto, atualmente (2020), muitos desses CICC são subutilizados e não possuem integração nacional de verdade.

Figura 51 - Sala de reuniões do Centro Integrado de Comando e Controle (CICC) do Estado de São Paulo.

Fonte: arquivo particular dos autores

O governo federal deu um grande passo com a Portaria nº 18, de 20 de janeiro de 2020, do Ministério da Justiça e Segurança Pública, aprovando a Doutrina Nacional de Atuação Integrada de Segurança Pública (DINASP), em sua 2ª edição, 2019, no âmbito do Sistema Único de Segurança Pública (SISU). Entretanto, não foi feita uma atualização nos conceitos de gerenciamento de incidentes e crises.

O atendimento de ocorrências de atirador ativo é um exemplo de como os protocolos precisam ser atualizados. Além das reponsabilidades do Estado no atendimento de casos de atirador ativo, pelas forças de segurança, também são responsabilidades do governo criar normas e divulgar informações para a população em geral se preparar para eventos de atirador ativo.

A padronização de procedimentos e a criação de leis, normas e regulamentos, que padronizerm o gerenciamento de incidentes e crises, é importante não só no nível dos Estados, mas, principalmente, no nível federal.

Gerenciamento de incidentes e crises não é só responsabilidade das forças de segurança, da polícia, ou das Secretarias de Segurança Pública Estaduais. Vários orgãos e várias instituições, públicas e privadas, estão envolvidas, direta e indiretamente, nesse processo. O comando unificado e a atuação entre agências são essenciais.

Já temos estruturas no Brasil que podem ser utilizadas para simplificar e agilizar essas mudanças necessárias. Nosso Sistema de Proteção e Defesa Civil, da Secretaria Nacional de Proteção e Defesa Civil, do Ministério do Desenvolvimento Regional, através da Política Nacional de Proteção e Defesa Civil, regula — utilizando leis, decretos e normas — a prevenção e o tratamento durante e após desastres naturais, organizando a atuação da administração pública nos níveis federal, estadual e municipal.

A Defesa Civil é tão importante nos Estados brasileiros que, em alguns deles, existem funções no nível de Secretário de Estado, com acesso direto ao governador, como é o caso do Estado de São Paulo, onde o Secretário Chefe da Casa Militar é um coronel da ativa da Polícia Militar do Estado de São Paulo, que é também o Chefe da Defesa Civil Estadual.

Então por que não aproveitar toda essa estrutura, já existente, para, de forma planejada e organizada, adicionar incidentes e crises policiais ao Sistema de Proteção e Defesa Civil, criando, assim, um **Sistema Nacional de Gerenciamento de Incidentes e Crises** tanto no campo da Defesa Civil quanto no campo das ocorrências de gravidade na área de Segurança Pública?

Figura 52 - A atuação da Defesa Civil na tragédia do rompimento da barragem de Brumadinho, em Minas Gerais, em 2019, coordenando diversos órgãos federais e de vários Estados e municípios foi muito importante.

Fonte: Defesa Civil do Estado de Minas Gerais

A atualização propiciará maior proximidade dos órgãos que atuam em conjunto, tanto pelas questões terminológicas quanto pelos treinamentos e pelas atuações conjuntas. O ICS/SICOE deve ser observado em momentos de calmaria e não durante o caos e, por isso mesmo, o treinamento e os exercícios simulados são fundamentais e bem-vindos para que os agentes atuem em conjunto.

Em um futuro próximo, o ideal seria que as pessoas e instituições conhecessem suas responsabilidades durante um incidente crítico, mitigando, assim, os problemas de comunicação durante um evento. Os policiais não mais ficarão em dúvida sobre seus deveres, tampouco atribuirão a falta de atitudes a questões hierárquicas, mas saberão cada um de sua responsabilidade frente ao gerenciamento de incidentes e crises.

A busca por uma consciência situacional não deve ser iniciada diante um grave problema, mas na formação, nas atitudes de prevenção, no controle e na condução de incidentes.

Dessa maneira, os policiais serão capazes de debater sobre o cenário, adotar medidas iniciais, estabelecer um gabinete de comando local, subsidiar o COPOM de informações relevantes e cumprir as determinações do gerente estratégico, solucionar a crise, participar do *debriefing*, desmobilizar o cenário de maneira adequada e estudar o caso para ter material de aprendizado, treinamento e motivadores de mudanças futuras.

Caberá a esses que são os *boots on the ground*, os que estão na linha de frente, com as botas no chão, iniciar a estruturação do EOC no exato momento do CAOS, sendo, por isso, condição essencial promover treinamento tático aos policiais encarregados da primeira resposta, em situação de progressiva violência criminal, de forma que poderão efetuar o primeiro atendimento e, posteriormente, terem os apoios solicitados pelo diretor do EOC.

Baseados nos princípios apresentados e com a capacidade dos dedicados homens e das dedicadas mulheres que trabalham diuturnamente nos orgãos de Segurança Pública no Brasil, acreditamos que o modelo de **Sistema de Gerenciamento de Incidentes e Crises** aqui apresentado auxiliará muito a gestão de situações de maior gravidade e complexidade, salvando vidas e aplicando a lei.

Referências

AGUILAR, Paulo A. **Ações e operações Táticas Especiais: aplicação do conceito de concepção imediata do perigo em entradas táticas realizadas pelo Grupo de Ações Táticas Especiais**. São Paulo: Monografia de conclusão do Curso de Aperfeiçoamento de Oficiais – II/17. Academia de Polícia Militar do Barro Branco. Polícia Militar do Estado de São Paulo, 2017. 180 p.

_____. **MACTAC Multi-Assault Counter-terrorist Action Capabilities (Capacidade de Resposta Contraterrorista Frente a Múltiplos Ataques)**. Força Policial, São Paulo, p. 13, 2018.

_____. **Atualização da doutrina de gerenciamento de crises: Incidentes policiais e centros de consciência situacional C5I na quarta revolução industrial.** Revista a Força Policial, São Paulo, n. 10, p. 44-61, janeiro 2019.

AGUILAR, Paulo A. et al. **Atualização de procedimentos adotados na PMESP na doutrina de gerenciamento de crises, modelo estático, para o modelo dinâmico de gestão de crises**, São Paulo, p. 22, 2017.

ALBERTS, David S.; HAYES, Richard E. **Power to the Edge – Comman and Control in the information age**. Washington: [s.n.], 2005. ISBN ISBN 1-893723-13-5. Disponível em: <http://www.dodccrp.org/files/Alberts_Power.pdf>. Acesso em: 29 set. 2019.

ATAQUE NA CATEDRAL METROPOLITANA DE CAMPINAS EM 2018. In: WIKIPÉDIA, a enciclopédia livre. Flórida: Wikimedia Foundation, 2019. Disponível em: <https://pt.wikipedia.org/w/index.php?title=Ataque_na_Catedral_Metropolitana_de_Campinas_em_2018&oldid=56841126>. Acesso em: 29 nov. 2019.

ATENTADOS DE 22 DE JULHO DE 2011 NA NORUEGA. In: WIKIPÉDIA, a enciclopédia livre. Flórida: Wikimedia Foundation, 2020. Disponível em: <https://pt.wikipedia.org/w/index.php?title=Atentados_de_22_de_julho_de_2011_na_Noruega&oldid=57242390>. Acesso em: 21 jan. 2020.

ATENTADO EM WESTMINSTER DE 2017. In: WIKIPÉDIA, a enciclopédia livre. Flórida: Wikimedia Foundation, 2019. Disponível em: <https://pt.wikipedia.org/w/index.php?title=Atentado_em_Westminster_de_2017&oldid=54167511>. Acesso em: 29 jan. 2019.

AUGUSTO, Igor A. M. **O que é a Teoria Pura do Direito**. Âmbito Jurídico, 2010. Disponível em: <https://ambitojuridico.com.br/edicoes/revista-73/o-que-e-a-teoria- pura-do-direito/>. Acesso em: 19 abr. 2019.

BAZERMAN, Max H.; MOORE, Dan. **Processo decisório**. 8. ed. Rio de janeiro: Elsevier, 2014. 424 p. ISBN 978-85-352-7711-1.

BLAIR; Pete J. BURNS, David; CURNUTT, John; NICHOLS, Terry. **Active Shooters: Events and Response**. Boca Raton, Taylor & Francis Group, 2013.

BOIN, Arjen et al. **The Politics of Crisis Management:** Public Leadership under pressure. Cambridge: Cambridge University Press, 2005.

BORGES, Gerson; BAYMA, Fátima; ZOUAIN, Débora M. **Inteligência estratégica x investigação policial no combate às organizações criminosas.** Rio de Janeiro: FGV, 2009.

BRASIL. IBGE. **Cidades e Estados.** IBGE, 2019. Disponível em: <https://www.ibge.gov.br/cidades-e-estados/sp.html>. Acesso em: 29 set. 2019.

BRASIL. Exército Brasileiro. **EB20 – MC – 10.205 Manual de Campanha:** Comando e Controle. 1. ed. Brasília: [s.n.], 2015.

BRASIL. Ministério da Justiça e Segurança Pública. **Portaria nº18 de 20 de janeiro de 2020, aprovando a Doutrina Nacional de Atuação Integrada de Segurança Pública (DINASP)**, 2. ed. Brasília, 2019.

BRASIL. SENASP. **Sistema de Comando de Incidentes.** Brasília: Ministério da Justiça, 2009.

CARTER, Shan; COX, Amanda. **One 9/11 Tally: $ 3.3 Trillion.** The New York Times, 2011. Disponível em: <https ://archive.nytimes.com/www.nytimes.com/interactive/2011/09/08/us/sept-11- reckoning/cost-graphic.html>. Acesso em: 15 set. 2019.

CHACINA DAS CAJAZEIRAS. In: WIKIPÉDIA, a enciclopédia livre. Flórida: Wikimedia Foundation, 2019. Disponível em: <https://pt.wikipedia.org/w/index.php?title=Chacina_das_Cajazeiras&oldid=55923550>. Acesso em: 6 ago. 2019.

CHACINA DE VIGÁRIO GERAL. In: WIKIPÉDIA, a enciclopédia livre. Flórida: Wikimedia Foundation, 2019. Disponível em: <https://pt.wikipedia.org/w/index.php?title=Chacina_de_Vig%C3%A1rio_Geral&oldid=56135996>. Acesso em: 1 set. 2019.

CIÊNCIA. **Dicionário online**, 2019. Disponível em: <www.dicio.com.br/ciencia>. Acesso em: 17 abr. 2019.CNN. Hurricane Katrina Statistics fast facts.

COPOM. **Centro de Operações da Polícia Militar em apresentação do chefe do executivo Paulista.** São Paulo: [s.n.], 2019.

COUTO, Márcio S. H. **O processo de tomada de decisão no planejamento do policiamento preventivo na Polícia Militar do Estado de São Paulo.** São Paulo: Monografia de conclusão de curso MBA 2015/4. Instituto de Ensino e Pesquisa – INSPER, 2015.

CUNHA, Afonso da. **Segurança Nacional e Defesa Nacional no Estado de Direito Democrático.** Revista Militar, Belo Horizonte, n. 2592, janeiro 2018.

DAMAZIO, Marillyn. **VUCA (Ambiente): do contexto militar ao universo corporativo transformando a gestão.** Betta Tecnologia, 2019. Disponível em: <https://bettatecnologia.com.br/vuca-ambiente-do-contexto-militar-ao-universo- corporativo-transformando--a-gestao/>. Acesso em: 29 set. 2019.

DAYNES, Kerry; **FELLOWES,** Jéssica. **Como identificar um psicopata.** Tradução Mirtes Frange de Oliveira Pinheiro. São Paulo, Cultrix, 2012.

DOSS, Kevin;SHEPERD, Charles. **Active Shooter: Preparing for and Responding to a Growing Threat.** Oxford, Butterworth-Heinemann Editors, 2015.

ESCORREGA, Luis C. F. **A segurança e os "Novos" Riscos e Ameaças: Perspectivas Várias.** Revista Militar, Lisboa, p. 1001, agosto/setembro 2009. ISSN ISSN 0873 – 7630.

ESTADOS UNIDOS. **National Incident Management System.** 3. ed. Washington: Federal Emergency Management Agency, 2017.

ESTADOS UNIDOS. FEMA. **National Incident Management System – NIMS.** 3. ed. Washington: United States of America – Department of Homeland Security, 2017.

ESTADOS UNIDOS. FEMA. Federal Emergency Management Agency – About US. **Federal Emergency Management Agency – FEMA**, 2019. Disponível em: <https://www.fema.gov/about- agency>. Acesso em: 15 set. 2019.

ESTADOS UNIDOS. **Intelligence/Investigations Function Guidance and Field Operations Guide.** Washington: Homeland Security, 2013.

ESTADOS UNIDOS. **Guidelines for the National Qualification System.** Washington: Homeland Security, 2017.

ESTADOS UNIDOS. **ICS Review Document.** Washington: Homeland Security, 2018.

ESTADOS UNIDOS. **National Response Framework Draft.** National Response Framework, n. 4, maio 2019.

ESTADOS UNIDOS.**Active Shooter- Pocket Card 508.** Washington, Department of Homeland Security, 2015.

ESTADOS UNIDOS. FBI. **A Study of the Pre-Attack Behaviors of Active Shooters in the United States Between 2000 and 2013**. Washington, 2014.

FAMILICÍDIO EM CAMPINAS EM 2016. In: WIKIPÉDIA, a enciclopédia livre. Flórida: Wikimedia Foundation, 2020. Disponível em: <https://pt.wikipedia.org/w/index.php?title=Familic%C3%ADdio_em_Campinas_em_2016&oldid=57408457>. Acesso em: 11 fev. 2020.

FERNANDES, Eduardo O. **As ações terroristas do crime organizado**. 1. ed. São Paulo: Livrus Negócios Editoriais, 2012.

FONSECA, Adriano. Networking: o que é e para que serve. **Robert Half**, 2019. Disponivel em: <https://www.roberthalf.com.br/blog/carreira/networking-o-que-e-e- para-que-serve>. Acesso em: 30 set. 2019.

GIAQUINTO, Giampaolo D. **Centro Integrado de Comando e Controle de São Paulo:** Emprego Operacional da Polícia Militar. São Paulo: Monografia de conclusão do Programa de Mestrado em Ciências Policiais de Segurança e Ordem Pública – 2015. Academia de Polícia Militar do Barro Branco. Polícia Militar do Estado de São Paulo, 2015.

RODRIGUES, Matheus. GRANDIN, Felipe. Em 10 anos RJ tem mais de 400 chacinas com 1,3 mil mortes. O GLOBO,2019. Disponível em: https://g1.globo.com/rj/rio-de-janeiro/noticia/2019/10/02/em-10-anos-rj-tem-mais-de-400-chacinas-com-13-mil-mortes.ghtml . Acesso em: 3 mar. 2020.

GOOD, Ken. Got a second ? – **Boyd's Cycle – OODA Cycle**. Real fighting, 2019. Disponível em: <http://www.realfighting.com/the_ooda_cycle.php>. Acesso em: 29 set. 2019.

GOVERNO DO ESTADO DE SÃO PAULO. **Decreto nº 60.644:** Institui, na Secretaria da Segurança Pública, o Centro Integrado de Comando e Controle – CICC e dá providências correlatas. São Paulo: [s.n.], 2014.

HEAL, C. S. **Sound Doctrine: a Tactical Primer**. The Tactical Edge, n. 1, 2000.

_____. **Situational awareness and a common operational picture**. The Tactical Edge, p. 43, Winter 2002.

_____. **Tactics, Techniques and Procedures (TTP)**. The Tactical Edge, p. 70, Summer 2015.

HERMAN, Charles. **Katrina's Economic Impact: One year later.** Abc News, 2006. Disponível em: <https://abcnews.go.com/Business/HurricaneKatrina/story?id=2348619&page=1>. Acesso em: 15 set. 2019.

JÚNIOR, Paulo L. S. **Sistema de Comando e controle: análise conceitual e perspectiva de utilização conjunta pela Polícia Militar**. São Paulo: Monografia de conclusão do Curso Superior de Polícia – I/14. Centro de Altos Estudos de Segurança CAES "Cel PM Nelson Freire Terra". Polícia Militar do Estado de São Paulo, 2014.

KLEIN, Gary. **Fontes do poder:** o modo como as pessoas tomam decisões. 1. ed. Cambridge: Instituto Piaget, 2001. ISBN ISBN – 9789727713790.

LIEBE, Bruce. **ICS and Unified Command: a Decade Later**. The Tactical Edge, Colorado Springs, p. 30, março 2016.

_____. **Preparing for a Regional Response to a Multijurisdictional Incident**. The Tactical Edge, Colorado Spring, p. 22, 2017.

LIMA, Jair P. D. **Proposta de aperfeiçoamento do sistema de comando e operações em emergências do Corpo de Bombeiros da Polícia Militar do Estado de São Paulo**. São Paulo: Monografia de conclusão do Programa de Doutorado em Ciências Policiais de Segurança e Ordem Pública. Centro de Altos Estudos de Segurança CAES "Cel PM Nelson Freire Terra". Polícia Militar do Estado de São Paulo, 1998.

LUIZ, Edson. **Ataque a consulado no Brasil**. Notícias do Senado, 29 abril 2011. Disponível em: https://www2.senado.leg.br/bdsf/bitstream/handle/id/49576/noticia.htm?sequence=1>. Acesso em: 29 set. 2019.

MACHADO, Rogério N. **Atirador Ativo:** Impositivo de emprego do sistema dinâmico de gerenciamento de crises. São Paulo: Monografia de conclusão do Curso de Aperfeiçoamento de Oficiais – I/14. Centro de Altos Estudos de Segurança CAES "Cel PM Nelson Freire Terra". Polícia Militar do Estado de São Paulo, 2014. 81 p.

MARIN, Antônio. **Gerenciamento de crises:** análise dos aspectos institucionais e estratégicos das ocorrências policiais de vulto e proposta de sistematização para seu atendimento. São Paulo: Monografia de conclusão do Programa de Doutorado em Ciências Policiais de Segurança e Ordem Pública. Centro de Altos Estudos de Segurança CAES "Cel PM Nelson Freire Terra". Polícia Militar do Estado de São Paulo, 2009.

MARQUES, Cláudia L.; V. BENJAMIN, Antônio H.; MIRAGEM, Bruno. **Comentários ao Código de Defesa do Consumidor**. 6. ed. São Paulo: Revista dos Tribunais, 2019. 2352 p.

MASSACRE DE COLUMBINE. In: WIKIPÉDIA, a enciclopédia livre. Flórida: Wikimedia Foundation, 2020. Disponível em: <https://pt.wikipedia.org/w/index.php?title=Massacre_de_Columbine&oldid=57357555>. Acesso em: 5 fev. 2020.

MASSACRE DE REALENGO. In: WIKIPÉDIA, a enciclopédia livre. Flórida: Wikimedia Foundation, 2020. Disponível em: <https://pt.wikipedia.org/w/index.php?title=Massacre_de_Realengo&oldid=57529524>. Acesso em: 23 fev. 2020.

MASSACRE DE SUZANO. In: WIKIPÉDIA, a enciclopédia livre. Flórida: Wikimedia Foundation, 2020. Disponível em: <https://pt.wikipedia.org/w/index.php?title=Massacre_de_Suzano&oldid=57830694>. Acesso em: 16 mar. 2020.

MASSACRE DO GOYASES. In: WIKIPÉDIA, a enciclopédia livre. Flórida: Wikimedia Foundation, 2020. Disponível em: <https://pt.wikipedia.org/w/index.php?title=Massacre_do_Goyases&oldid=57389642>. Acesso em: 9 fev. 2020.

MASSACRE DE JANAÚBA. In: WIKIPÉDIA, a enciclopédia livre. Flórida: Wikimedia Foundation, 2019. Disponível em: <https://pt.wikipedia.org/w/index.php?title=Massacre_de_Jana%C3%BAba&oldid=55923593>. Acesso em: 6 ago. 2019.

MASSACRE NA STONEMAN DOUGLAS HIGH SCHOOL. In: WIKIPÉDIA, a enciclopédia livre. Flórida: Wikimedia Foundation, 2020. Disponível em: <https://pt.wikipedia.org/w/index.php?title=Massacre_na_Stoneman_Douglas_High_School&oldid=57684331>. Acesso em: 5 mar. 2020.

MASSACRE DE ORLANDO. In: WIKIPÉDIA, a enciclopédia livre. Flórida: Wikimedia Foundation, 2019. Disponível em: <https://pt.wikipedia.org/w/index.php?title=Massacre_de_Orlando&oldid=55037023>. Acesso em: 4 maio 2019

MCCHRYSTAL, Stanley A. **Team of teams:** new rules of engagement for a complex world. Recife: Portfolio, 2015.

MISTER POSTMAN – **MARKETING DIGITAL. A importância de um bom briefing para a sua estratégia**. Mister Postman Marketing Digital, 2019. Disponível em:

<https://www.misterpostman.com.br/a-importancia-de-um-bom-briefing-para-a-sua-estrategia/>. Acesso em: 29 set. 2019.

MORAIS, Michael D. **Padronização de procedimentos para enfrentamento de ocorrências de roubo e ataques a empresas de valores**. São Paulo: Monografia de conclusão do Curso de Aperfeiçoamento de Oficiais – II/17. Centro de Altos Estudos de Segurança CAES "Cel PM Nelson Freire Terra". Polícia Militar do Estado de São Paulo, 2017.

OLWEUS, Dan.**Bullying at School: What We Know and What We Can Do.** Hoboken, Wiley-Blackwell, 1993.

OLIVEIRA, Eduardo. **O Universo da Segurança Humana.** Curitiba, Juruá Editora, 2010.

OLIVEIRA JÚNIOR, Mário Â.; GADIA, Giovana C. M. L. **O ordenamento jurídico: unidade e coerência como exigências para a caracterização do sistema.** Teresina, Revista Jus Navegandi,n. 3378, 30 Setembro 2012. ISSN ISSN 1518-4862. Disponível em: <https://jus.com.br/artigos/22680>. Acesso em: 29 set. 2019.

OLIVEIRA, Fátima B. D. et al. **Desafios da Gestão Pública de Segurança.** Rio de janeiro: FGV, 2009.

ONU. **Human Development Report.** Organização das Nações Unidas (ONU). Zurique. 1994.

OPERAÇÃO HASHTAG. In: WIKIPÉDIA, a enciclopédia livre. Flórida: Wikimedia Foundation, 2020. Disponível em: <https://pt.wikipedia.org/w/index.php?title=Opera%-C3%A7%C3%A3o_Hashtag&oldid=57547521>. Acesso em: 24 fev. 2020.

POLÍCIA MILITAR DO ESTADO DE SÃO PAULO. **Diretriz nº PM3 – 008/02/06 – Normas para o Sistema Operacional de Policiamento Policial Militar – NORSOP.** São Paulo: 3ª Seção de Estado Maior, 2006.

POLÍCIA MILITAR DO ESTADO DE SÃO PAULO. **Sistema de Gestão da Polícia Militar do Estado de São Paulo (GESPOL).** São Paulo: [s.n.], 2010.

POLÍCIA MILITAR DO ESTADO DE SÃO PAULO. **Diretriz nº PM3 – 001/02/13 – Ocorrências que exijam a intervenção do Grupo de Ações Táticas Especiais (GATE).** São Paulo: 3ª Seção de Estado Maior, 2013.

POLÍCIA MILITAR DO ESTADO DE SÃO PAULO. **Diretriz nº CCB – 004/931/14 – Regula o sistema de comando de operações e emergências SICOE.** São Paulo: 3ª Seção do Estado Maior, 2014.

POLÍCIA MILITAR DO ESTADO DE SÃO PAULO. **Sistema de Gestão da Polícia Militar do Estado de São Paulo (GESPOL).** 2. ed. São Paulo: IMESP, 2010.

RAY, Michael. Stanley McChrystal: United States General. **Encyclopaedia Britannica**, 2019. Disponível em: <https://www.britannica.com/biography/Stanley- McChrystal>. Acesso em: 29 set. 2019.

RAZUK, Ricardo. M. **Polícia Militar como órgão gestor, centralizador e integrador na tomada de decisão em incidentes.** São Paulo: Monografia de conclusão do Curso de Mestrado Profissional – I/18. Centro de Altos Estudos de Segurança CAES "Cel PM Nelson Freire Terra". Polícia Militar do Estado de São Paulo, 2018.

REALE, Miguel. **A teoria tridimensional do Direito.** Lisboa: Imprensa Nacional, 2003.

RENAUD, Cynthia. **The missing piece of NIMS: Teaching incident commanders how to function in the edge of Chaos.** Homeland Security Affairs 8, Washington, v.Article 8, Junho 2012. Disponível em: <https://www.hsaj.org/articles/221>.

RESTIVO, Nivaldo. C. **Perspectivas Estratégicas para a Polícia Militar em face da Realização do Campeonato Mundial de Futebol – FIFA 2014**. São Paulo: Monografia de conclusão do Programa de Doutorado em Ciências Policiais de Segurança e Ordem Pública. Centro de Altos Estudos de Segurança CAES "Cel PM Nelson Freire Terra". Polícia Militar do Estado de São Paulo, 2011.

RODRIGUES, Ricardo. M. **Domínio de cidades: o uso da estratégia criminosa para a realização de assaltos a empresas de segurança privada especializadas em transporte e guarda de valores**. Curso de Pós-graduação e especialização em Ciências Policiais da Academia Nacional de Polícia, Brasília, 2019.

SCHWAB, Laus. **A Quarta Revolução Industrial**. São Paulo: Edipro, 2016

SILVA, Valdinei. A. D. **Gerenciamento de incidentes em eventos esportivos, culturais, artísticos e religiosos:** proposta de subsídios doutrinários para elaboração de protocolos na Polícia Militar do Estado de São Paulo. São Paulo: Monografia de conclusão do Curso de Mestrado Profissional – I/19. Centro de Altos Estudos de Segurança CAES "Cel PM Nelson Freire Terra". Polícia Militar do Estado de São Paulo, 2019.

SISTEMA. **Dicionário online**, 2019. Disponível em: <www.dicio.com.br/sistema>. Acesso em: 17 abr. 2019.

SMPD. Cynthia Renaud, Chief of Police. **Santa Monica Police Department**, 2019. Disponível em: <https://santamonicapd.org/Content.aspx?id=53687102019>. Acesso em: 29 set. 2019.

SILVA, Ana Beatrz Barbosa. **Bullying: Mentes perigosas na escola**. Rio de Janeiro, Editora Objetiva, 2010.

_____. **Mentes perigosas: O psicopata mora ao lado**. Rio de Janeiro, Objetiva, 2008.

SOUZA, Wanderley Mascarenhas. **GERENCIAMENTO DE CRISES: Negociação e atuação de grupos especiais de Polícia na solução de eventos críticos**. São Paulo: Monografia de conclusão do Curso de Aperfeiçoamento de Oficiais – II/95. Centro de Altos Estudos de Segurança CAES "Cel PM Nelson Freire Terra". Polícia Militar do Estado de São Paulo, 1995. 121 p.

SOUZA, Wanderley Mascarenhas. **Ações do Policial Negociador nas ocorrências com reféns**. São Paulo: Monografia de conclusão do Curso Superior de Polícia – I/02. Centro de Altos Estudos de Segurança CAES "Cel PM Nelson Freire Terra". Polícia Militar do Estado de São Paulo, 2002. 146 p.

SOUZA, Wanderley Mascarenhas. **Como se Comportar Enquanto Refém.** São Paulo: Ícone Editora, 1996.

SOUZA, Wanderley Mascarenhas. **Gerenciando Crises em Segurança.** São Paulo: Editora Sicurezza, 2000.

SOUZA, Wanderley Mascarenhas. **Sistematização e Manejo das Ações do Negociador no Contexto da Segurança Pública.** São Paulo: Ícone Editora, 2010.

WEBER, Max. **Ciência e Política:** duas vocações. 18. ed. São Paulo: Cultrix, 2011.

WOLOSZYN, André L. **Ameaças e Desafios à Segurança Humana no Século XXI.** Rio de Janeiro, Biblioteca do Exército, 2013.

TIROTEIO NA ESCOLA PRIMÁRIA DE SANDY HOOK. In: WIKIPÉDIA, a enciclopédia livre. Flórida: Wikimedia Foundation, 2020. Disponível em: <https://pt.wikipedia.org/w/index.php?title=Tiroteio_na_escola_prim%C3%A1ria_de_Sandy_Hook&oldid=57674713>. Acesso em: 5 mar. 2020

VISACRO, Alexandre. **Guerra Irregular: terrorismo, guerrilha e Movimentos de resistência ao longo da história.** São Paulo, Contexto, 2009.

_____. **A Guerra na era da informação.** São Paulo, Contexto, 2018.

APÊNDICE 1
Glossário

Ação Terrorista: trata-se do uso de violência real ou presumida, física ou psíquica, por indivíduo ou grupo, visando a desestabilizar a ordem legalmente estabelecida por meio de ataque à população, às instituições ou aos órgãos governamentais. O objetivo é causar um amplo estado de intimidação e medo na sociedade, provocando um sentimento de insegurança generalizada, assim como chamar a atenção para determinada causa ou para que seja modificada alguma circunstância, algum comportamento ou alguma situação. Pode assumir a forma de, por exemplo, assassinatos, captura de reféns, cárceres privados, sabotagens, uso de material tóxico de origem química ou biológica, explosão de artefatos e sequestros. Dentre as motivações mais frequentes para ações desse tipo destacam-se as políticas, religiosas, criminosas e psicopatas.

Ações Táticas: são ações de natureza não convencionais desenvolvidas notadamente em ambientes urbanos e por equipes especializadas, com vistas a empreender missões de âmbito estratégico e tático e em condições de alto risco.

Acordo de Auxílio Mútuo: acordo escrito ou oral entre agências/organizações e/ou jurisdições que fornece um mecanismo para obter assistência rápida sob a forma de pessoal, equipamentos, materiais e outros serviços associados. O objetivo principal é facilitar a implantação rápida e de curto prazo do suporte antes, durante e/ou após um incidente.

Adjunto: um indivíduo totalmente qualificado que, na ausência de um superior, pode lhe ser delegada a autoridade para gerenciar uma operação funcional ou executar uma tarefa específica. Em alguns casos, um deputado pode atuar como alívio de um superior e, portanto, deve ser totalmente qualificado no cargo. Os deputados geralmente podem ser atribuídos ao comandante do incidente, ao diretor do EOC, ao pessoal geral e aos diretores das agências.

Agência Cooperante: uma agência que fornece assistência além das funções operacionais ou de suporte direto ou recursos para o esforço de gerenciamento de incidentes.

Ameaça: uma ocorrência natural ou humana, um indivíduo, uma entidade ou uma ação que tem ou indica o potencial de prejudicar a vida, as informações, as operações, o meio ambiente e/ ou a propriedade.

Área Avançada (Área de espera): estabelecida para a localização temporária de recursos disponíveis. Uma área avançada pode ser situada em qualquer localidade onde pessoas, suprimentos e equipamentos podem ser temporariamente abrigados ou deixados enquanto aguardem a distribuição de tarefas. Deve ser localizada na área fria, não distante mais que 5 (cinco) minutos do local da emergência e, de preferência, deve possuir entrada e saída distintas.

Área de Concentração de Vítimas (ACV): é o local no cenário do incidente onde estarão concentradas as vítimas do incidente para serem triadas, tratadas e transportadas ao hospital de referência.

Área de Missão: uma das cinco áreas (Prevenção, Proteção, Mitigação, Resposta e Recuperação) designadas no Objetivo de Preparação Nacional para agrupar as capacidades básicas.

Área de preparação: um local temporário para recursos disponíveis em que pessoal, suprimentos e equipamentos aguardam atribuição operacional.

Área fria: a área fria é aquela que abriga as instalações e os recursos que darão suporte às atividades, mas apresenta um pequeno risco relacionado à situação crítica e às operações que serão desenvolvidas. Por isso, na área fria as exigências de segurança são menores (adequadas ao risco, mas não negligenciadas) e a circulação de pessoas que não têm relação com a operação só é restrita nas instalações de apoio (Posto de Comando, Área de Reunião ou Base de Apoio).

Área morna: a área morna é uma área intermediária entre a área quente (de maior risco) e a área fria (totalmente segura). Na área morna o acesso e a circulação ainda são restritos, mas as condições de risco não são tão altas, propiciando uma área para que os profissionais se equipem, repassem orientações e façam as últimas verificações de segurança antes de adentrarem a área quente. Por isso, ela é utilizada como ponto de partida para as ações na área quente. Em emergências envolvendo produtos perigosos, é na área morna que é montado o corredor de descontaminação.

Área quente: a área quente é determinada no local que sofreu mais intensamente os efeitos do evento que causou a emergência. É nessa área que serão desenvolvidas as operações de maior risco e complexidade.

Artefato explosivo: vulgarmente conhecido como "bomba", caracteriza-se como um objeto de forma, tamanho e material de revestimento variáveis, de origem industrial ou caseira, constituído por um elemento detonador e uma carga principal explosiva que, por meio de reações químicas de óxido-redução, é capaz de transformar-se em produtos gasosos e condensados, produzindo altas temperaturas e pressões. A sua finalidade é provocar impacto destrutivo ou atordoante, além da desarticulação de pessoas em determinado ambiente ou determinada atividade. O artefato explosivo pode ser acionado por um operador, por uma ação física (calor, choque, impacto, fricção etc.) ou pode ainda ser programado temporalmente para a detonação;

Atirador Ativo: é um indivíduo ativamente engajado em matar ou tentar matar pessoas aleatoriamente em uma área confinada e povoada.

Base do incidente: local onde o pessoal coordena e administra funções de logística para um incidente. Geralmente, há apenas uma base por incidente (o nome do incidente ou outro designador é adicionado ao termo base). O ICP pode ser colocalizado com a base do incidente.

Brainstorming: técnica de administração na qual são expostas ideias sem censura ou críticas, buscando reunir a maior quantidade possível de opções para a ação, sendo, em um segundo momento, classificadas e trabalhadas de forma a buscar a melhor alternativa.

Briefing: reunião anterior à transferência de comando e/ou na mudança das equipes em virtude de novo período operacional, na qual se transmite às equipes e/ou ao comandante que assumirão o serviço instruções básicas que visam à realização do trabalho, os objetivos traçados para o período operacional etc.

***Close Quarter Battle* (C.Q.B):** o combate em ambiente confinado é um tipo de ação militar em que se emprega um conjunto de táticas quando a proximidade com o alvo armado ou desarmado é mínimo. O cenário típico desse tipo de intervenção é o ambiente urbano, como prédios, casas, apartamentos e cômodos. É caracterizado pela velocidade, agressividade e precisão da força (seja letal ou de menor potencial ofensivo).

Cadeia de comando: linha ordenada de autoridade dentro dos diversos níveis da organização de gestão da emergência.

Centro de Operações de Emergência (EOC): a localização física na qual a coordenação de informações e recursos em apoio à gestão de emergências se realiza normalmente. Um centro de operações pode ser temporário ou pode ser localizado numa instalação central e permanente (COBOM, COPOM), talvez num nível mais alto de uma organização. Pode ser organizado por disciplinas funcionais principais (p.ex.: incêndio, policial, serviços médicos), por circunscrição (p.ex.: federal, estadual, regional, municipal) ou alguma outra combinação.

Centro de Operações Departamental: um centro de operações ou coordenação dedicado a um único departamento ou uma agência específica. O foco de um DOC é sobre gerenciamento e resposta interna de incidentes de agência. Os DOC são frequentemente vinculados e/ou representados fisicamente em um EOC de agência combinada por um agente autorizado para o departamento ou a agência.

***Check-in*:** o processo através do qual os recursos são dispostos ao primeiro relatório do incidente. Todos os respondentes, independentemente da afiliação da agência, informam para receber uma atribuição de acordo com os procedimentos estabelecidos pelo comandante do incidente ou com o comando unificado.

Chefe: título para indivíduos responsáveis pela gestão das Seções Funcionais: Operações, Planejamento, Logística, Finanças/Administração e Inteligência/Investigações.

Ciência Policial: pode ser definida como uma ciência empírica, podendo ser classificada como uma ciência social aplicada, cujo nascedouro foi a ciência jurídica, pois as ações de polícia judiciária e científico-policial trazem seus conhecimentos daquela ciência, primordialmente.

Comandante do Incidente: o indivíduo responsável por todas as atividades durante uma emergência, incluindo o desenvolvimento, as estratégias e táticas, e a encomenda e liberação de recursos. O Comandante do Incidente tem autoridade e responsabilidade total pela condução das operações durante uma emergência e é responsável pela gestão de todas as operações no local do incidente.

Comando da Emergência: responsável pela gestão global do incidente, incluindo o comandante do incidente, seja único ou um comando unificado, e quaisquer pessoas de apoio.

Comando de área unificado: o sistema de comando estabelecido quando incidentes sujeitos a um comando de área são multijurisdicionais.

Comando Unificado: uma aplicação do SICOE usada quando mais de uma agência tem circunscrição sobre a emergência, ou quando a emergência atravessa jurisdições políticas. As agências/instituições trabalham em conjunto por meio dos membros designados do comando, frequentemente a pessoa de maior experiência nas agências/instituições e/ou nas disciplinas participando no comando unificado, com objetivo de estabelecer um conjunto comum de objetivos e estratégias e um plano de ação único e ordenado.

Comando: o ato de orientar, ordenar ou controlar em função de autoridade legal explícita ou delegada.

Complexo: um espaço onde só se conhece causa e efeito retrospectivamente. O que parece lógico depois do fato, ou seja, quando os pontos estão conectados, é apenas um dos muitos outros resultados lógicos que poderiam ter ocorrido.

Comunicações: processo de transmissão de informação por meios verbais, escritos ou simbólicos.

Concepção Imediata do Perigo: técnica de adestramento para resgate de reféns e outros tipos de ocorrência que necessitem de um time de resposta especial, na qual se preconiza inicialmente a leitura do ambiente antes da passagem da porta que determinará a forma de movimentação de um. Esta técnica visa à leitura do ambiente do centro para o canto.

Conjunto de Controle: o número de recursos pelos quais um supervisor é responsável diretamente, expresso normalmente como uma relação de supervisores a indivíduos.

Consciência Situacional: é um conceito que descreve o conhecimento e a compreensão de uma pessoa sobre as circunstâncias, os ambientes e as influências em relação aos desdobramentos de uma situação.

Conter o Incidente: utilizando-se do entendimento voltado às situações com reféns, significa mantê-la em área controlada e impossibilitar que o(s) infrator(es) da lei consiga(m) aumentar o número de reféns, tenha(m) acesso a mais armamentos ou consiga(m) um posicionamento de vantagem em relação aos policiais militares interventores.

Coordenar a Comunidade Inteira: foco em permitir a participação em atividades de gerenciamento de incidentes de uma ampla gama de jogadores de setores privados e sem fins lucrativos, incluindo ONGs e público em geral, em conjunto com a participação de todos os níveis de governo, para promover uma melhor coordenação e um melhor funcionamento e relacionamentos.

Coordenar: para trocar informações sistematicamente entre diretores que tenham ou possam ter necessidade de conhecer certas informações para realizar responsabilidades específicas de gerenciamento de incidentes.

Credenciais: fornecimento de documentação que pode autenticar e verificar a certificação e identificação de pessoas designadas e respondentes.

Debriefing: é uma ferramenta bastante utilizada para potencializar a aprendizagem por meio da experiência. Este conceito surgiu na Segunda Guerra Mundial e é utilizado hoje de maneira generalizada para se referir às questões de resolução de problemas, gestão de processos, orientação de desempenho e várias outras situações.

Delegação de autoridade: uma declaração dada ao comandante pela Agência Executiva, delegando autoridade e responsabilidade, podendo abranger objetivos, prioridades, expectativas, constrangimento e outras considerações ou diretrizes.

Desmobilização: o regresso ordenado, seguro e eficiente de um recurso à sua localidade e situação de origem.

Despacho: o movimento ordenado de um recurso ou recursos para uma missão operacional designada, ou um movimento administrativo de um local para outro.

Diretor: o título do ICS para pessoas responsáveis pela supervisão de uma filial. Além disso, um título organizacional para um indivíduo responsável pela gestão e direção da equipe em um EOC.

Divisão: o nível organizacional é responsável pelas operações dentro de uma área geográfica definida. As divisões são estabelecidas quando o número de recursos excede o alcance gerenciável do controle do chefe da seção.

Elementos Essenciais de Informação: itens de informação importantes e padrão, que suportam decisões oportunas e informadas. Embora de natureza semelhante, a consciência situacional e a imagem operacional comum são diferentes em muitos aspectos. Por exemplo, a consciência situacional pertence a um indivíduo, enquanto uma imagem operacional comum, por definição, pertence a um grupo. Isso tem duas implicações. Primeira, cada uma serve a um propósito.

Emergência: qualquer incidente, seja natural, tecnológico ou humano, que exija ações sensíveis para proteger a vida ou a propriedade.

Equipe antibomba: fração policial-militar responsável pela varredura de ambientes onde exista risco, objeto suspeito ou a informação de existência de artefato explosivo, bem como uma vez detectado o objeto supostamente danoso, que venha a adotar ações voltadas à sua remoção, desativação ou neutralização. Nos casos em que a explosão se efetive, a equipe, se solicitada, em apoio à Polícia Técnico-Científica, poderá auxiliar na remoção e acondicionamento de estilhaços e fragmentos do artefato causador do dano para a devida perícia e investigação.

Equipe de Assistência de Gerenciamento de Incidentes: um time de pessoal qualificado pelo ICS, configurado de acordo com o ICS, que se desdobra em apoio de jurisdições afetadas e/ou pessoal no local.

Equipe de Comando: composta do Oficial de Informações, Oficial de Segurança, Oficial de Ligação, outras posições, conforme necessárias, e que se reportam diretamente ao comandante.

Equipe Tática: fração policial-militar à qual, atuando de forma coesa, célere e objetiva, cabe a missão de invasão (adentramento) do ponto crítico com a finalidade de dominar ou, se for o caso, neutralizar o(s) agressor(es), controlar a situação crítica e resgatar o(s) refém(ns). É também conhecida como "célula tática" ou "equipe de assalto". O gerente da crise efetivo é quem autoriza a invasão ou adentramento.

Esfera de autoridade: as agências públicas têm jurisdição em um incidente relacionado às suas responsabilidades legais e à autoridade. A autoridade jurisdicional em um incidente pode ser política ou geográfica (por exemplo, linhas locais, estaduais, tribais, territoriais e federais) e/ou funcional (por exemplo, aplicação da lei, saúde pública).

Estratégia: o curso geral ou a direção para atingir os objetivos do incidente.

Evento planejado: uma atividade planejada e não emergencial (p.ex.: evento esportivo, concerto, desfile etc).

Função de Inteligência/Investigações: esforços para determinar a origem ou a causa do incidente (por exemplo, surto de doença, incêndio, ataque coordenado complexo ou incidente cibernético) para controlar seu impacto e/ou ajudar a prevenir a ocorrência de incidentes semelhantes. No ICS, a função pode ser realizada na Seção de Planejamento, Seção de Operações,

Equipe de Comando, como uma seção de *staff* geral separada ou em alguma combinação desses locais.

Função: refere-se às cinco funções de um incidente: Comando, Operações, Planejamento, Logística e Finanças/Administração. O termo função é também usado para descrever as atividades envolvidas (p.ex.: a Função de Planejamento). Uma sexta função, Inteligência/Investigações, pode ser estabelecida se houver necessidade.

Gerenciamento de informações: a coleção, organização e o controle sobre a estrutura, o processamento e a entrega de informações de uma ou mais fontes e distribuição para um ou mais públicos interessados nessa informação.

Gerenciamento de recursos: sistemas para identificar os recursos disponíveis em todos os níveis jurisdicionais para permitir o acesso oportuno, eficiente e sem obstáculos aos recursos necessários para se preparar, responder ou se recuperar de um incidente.

Gerenciamento por Objetivos: uma abordagem de gerenciamento, fundamental para NIMS, que envolve: (1) estabelecer objetivos, por exemplo, resultados específicos, mensuráveis e realistas a serem alcançados; (2) identificar estratégias, táticas e tarefas para atingir os objetivos; (3) realizar táticas e tarefas e medir e documentar resultados na consecução dos objetivos; e (4) tomar medidas corretivas para modificar estratégias, táticas e/ou o desempenho para atingir os objetivos.

Gerentes: indivíduos dentro das unidades organizacionais do Sistema de Comando que recebem responsabilidades gerenciais específicas (p.ex. Gerente de área avançada, área de espera ou gerente de acampamento).

Gestão por Objetivos: O enfoque gerencial que envolve um processo de cinco etapas em busca de uma meta. O enfoque de gestão por objetivos inclui o seguinte: estabelecimento de objetivos globais; desenvolvimento de estratégias baseadas em tais objetivos; desenvolvimento e atribuição de tarefas, planos, procedimentos e protocolos; estabelecimento de táticas ou tarefas específicas e mensuráveis para diversas atividades gerenciais e funcionais e esforços de direção projetados para alcançá-las, em apoio às estratégias definidas; e documentação dos resultados de tal forma a medir o desempenho e facilitar ações corretivas.

Grupo de Coordenação Multiagências: um grupo tipicamente composto por administradores de agências ou executivos de organizações ou seus designados, que fornece orientação política para o pessoal incidente, apoia a priorização e alocação de recursos e permite a tomada de decisões entre funcionários eleitos e nomeados e executivos seniores em outras organizações, bem como aqueles diretamente responsáveis pela gestão de incidentes.

Imagem Operacional Comum: é o conhecimento e a compreensão compartilhados entre indivíduos, equipes ou grupos.

Incidente: inclui eventos planejados, bem como emergências e/ou desastres de todos os tipos e tamanhos em uma ocorrência, natural ou feita pelo homem, que necessita de uma resposta para proteger a vida ou a propriedade. Neste documento, a palavra incidente.

Incidentes complexos: são dois ou mais incidentes individuais localizados em uma mesma área e atribuídos a um único comandante de incidentes ou comando unificado.

Incidente crítico: qualquer incidente em que o resultado ou consequência desse incidente possa resultar em qualquer um dos seguintes: danos graves a qualquer indivíduo, patrimônio ou ao meio ambiente. Podem impactar significativamente na confiança da sociedade, exigindo arranjos especiais, emprego conjugado de meios e capacidade de gestão de incidentes para responder.

Incidente multicircunscricional: o incidente que precisa das ações de diversas agências, cada qual com circunscrição sobre certos aspectos, que serão administradas pelo comando unificado.

Incidente objetivo: uma declaração de um resultado a ser realizado ou alcançado. Os objetivos do incidente são usados para selecionar estratégias e táticas. Os objetivos do incidente devem ser realistas, realizáveis e mensuráveis, ainda que flexíveis o suficiente para permitir alternativas estratégicas e táticas.

Incidentes estáticos: podem ser entendidos como eventos que permanecem num determinado espaço geográfico e não exige um contato ou uma coordenação com outros entes e/ou causadores para que produzam os efeitos nocivos à sociedade, o que possibilita os procedimentos de contenção, isolamento e coordenação local para a que situação crítica não se alastre, bem como o acionamento de órgãos especializados, não carecendo, via de regra, de uma resolução imediata.

Incidentes policiais dinâmicos: correspondem a eventos cujos impactos não se limitam a um espaço geográfico determinado, pois, em razão de sua natureza, os atores envolvidos encontram-se em movimento, tornando impossível a adoção das medidas iniciais de contenção e isolamento, exigindo uma resposta imediata da primeira força policial interventora, a fim de alcançar a cessação dos seus efeitos.

Informação Pública em Emergências: informações disseminadas de forma a se antecipar a uma emergência ou durante uma emergência, frequentemente incluindo instruções transmitidas ao público em geral.

Informações Públicas: processos, procedimentos e sistemas para comunicação oportuna e precisa de informações acessíveis, relativas à causa, às dimensões e à situação atual; recursos comprometidos; e outras questões de interesse geral ao público, aos respondentes e outros participantes (afetados direta ou indiretamente).

Infraestrutura crítica: sistemas e ativos físicos ou virtuais cuja destruição ou inviabilização teria um impacto debilitante na segurança, economia, ou saúde pública do município, Estado e/ou país.

Inteligência/Investigações: diferente das informações operacionais e situacionais colhidas e reportadas pela seção de planejamento, a inteligência/investigações colhidas por esta função específica constituem informações que levam à detecção, prevenção, apreensão e ao processamento de atividades criminosas ou dos próprios criminosos, incluindo incidentes terroristas ou informações que levam à determinação da causa de uma dada emergência (independentemente da fonte), tais como eventos de saúde pública ou incêndios de causas desconhecidas.

Interoperabilidade: a capacidade de pessoal de gestão/resposta de interagir e trabalhar em conjunto. No contexto da tecnologia, a interoperabilidade também significa o sistema de comunicações durante emergências que deve ser o mesmo sistema, ou ligado ao mesmo sistema, usado pela circunscrição em procedimentos não emergenciais. O sistema deve fazer interface efetiva com os padrões nacionais na medida em que forem desenvolvidos. O sistema deve permitir a partilha de dados com outras jurisdições e níveis de governo durante o planejamento e implementação.

Isolar o incidente: com o mesmo fundamento do subitem anterior, concerne em impedir o acesso de terceiros curiosos, ou da imprensa, ou mesmo de policiais civis e militares estranhos à operação (exceto os elencados no subitem "6.3.1.4.") ao centro da crise. Pretende-se, destarte, organizar o local da crise de forma que permaneçam no interior da área isolada apenas os policiais militares necessários à condução da ocorrência (isolamento perimetral). Ainda em relação ao isolamento perimetral, convém que seja disponibilizado um local apartado e seguro (fora desse isolamento) para que a mídia possa ter acesso aos fatos e desenvolver seu trabalho.

Isolar o ponto crítico: implica a adoção de medidas voltadas a isolar o causador da crise, sobretudo por meio da interrupção ou do bloqueio das comunicações dele com o mundo exterior, restringindo seus contatos de modo que o único canal de comunicação existente, a partir de então, seja com o policial militar interventor responsável pela negociação —isolamento do(s) causador(es) do incidente. Nos casos que envolvam artefatos explosivos, esse isolamento compreende toda a área que pode ser potencialmente afetada em decorrência de uma eventual explosão.

Líder de unidade: o indivíduo responsável pela gestão de unidade dentro de uma seção funcional. A unidade pode ter pessoas que proporcionam um amplo leque de serviços. Algumas das posições de apoio são preestabelecidas (p.ex. gerente de base, mas muitas outras serão atribuídas aos especialistas técnicos).

Ligação: uma forma de comunicação que visa a estabelecer e manter a compreensão e cooperação mútuas.

Linguagem clara: comunicação que pode ser compreendida pela plateia interessada e que satisfaz o objetivo do comunicado. A linguagem clara tem o objetivo de eliminar ou restringir o uso de código ou siglas durante uma resposta que envolve mais do que uma única agência.

Logística: processo e procedimento para fornecer recursos e outros serviços para suportar o gerenciamento de incidentes.

***Multi-Assault Counter-Terrorist Action* MACTAC:** capacidade de resposta contraterrorista frente a múltiplos ataques; foram criadas justamente para responder aos desafios de incidentes muito violentos, dinâmicos e que envolvem uma combinação de múltiplos assuntos, vítimas e locais.

Mitigação: proporciona uma base crítica no esforço de reduzir a perda de vidas e propriedade por causa de desastres naturais e/ou causados pela ação do homem, evitando ou diminuindo o impacto de um desastre e valorizando o público pela criação de comunidades mais seguras. A mitigação procura reparar o ciclo de danos, reconstrução e danos repetidos. Tais atividades terão efeitos sustentados a longo prazo na maioria dos casos.

Mobilização: o processo e os procedimentos utilizados por todas as organizações federais, estaduais e locais, para ativar, reunir e transportar todos os recursos solicitados para responder a uma emergência e dar apoio a ela.

Momento do Caos: nas ciências policiais pode ser compreendido como o momento em que ocorre a quebra da ordem pública de forma abrupta e com extrema violência, com perspectiva real e iminente, senão imediata, de resultados letais, podendo estender seus efeitos sobre um único espaço geográfico delimitado, sobre vários espaços delimitados concomitantemente, ou mesmo sem restrição espacial, em face das características dinâmicas que o evento pode assumir, tornando impossível limitar a sua extensão.

Negociador: trata-se de policial militar que estabelece vínculo direto de mediação com o(s) causador(es) da crise na tentativa de persuadi-lo(s) à libertação do(s) refém(ns) e à rendição, bem como procura coletar o maior número de informações acerca do ambiente e do desenvolvimento da ocorrência. O gerente da crise efetivo avaliará a necessidade e a oportunidade do GATE assumir integralmente a fase de negociação ou de empreender a comunicação indireta com o(s) infrator(es) da lei por intermédio do policial militar que firmou o vínculo inicial. O negociador não tem poder de decisão.

Objetivos da emergência: declarações de orientação e direção necessárias para selecionar estratégias apropriadas e a orientação tática de recursos. Os objetivos se baseiam em expectativas realistas daquilo que pode ser realizado, quando todos os recursos alocados estão em pleno uso. Os objetivos devem ser alcançáveis e mensuráveis, mas suficientemente flexíveis para permitir alternativas estratégicas e táticas.

Oficial de informações: membro da equipe de comando, responsável pela interface com o público e mídia e/ou outras agências com necessidades de informações.

Oficial de ligação: um membro da equipe de comando responsável por coordenação com representantes de agências/instituições ou organização de cooperação de assistência.

Oficial de segurança: membro da equipe de comando responsável por operações de monitoramento e assessoria do comandante, e todas as questões relativas à segurança operacional, incluindo a saúde e segurança do pessoal de resposta.

Oficial: o título para os elementos responsáveis pelas posições da equipe de comando nas seções de segurança, ligação e informações.

Operações Normais/Estado Estável: o nível de ativação que descreve o monitoramento rotineiro da situação jurisdicional (nenhum evento ou incidente antecipado).

Organização: qualquer associação ou grupo de pessoas com objetivos similares. Exemplos incluem departamentos e agências do governo, organizações do setor privado e organizações não governamentais.

Organizações Não Governamentais (ONGs): uma entidade baseada nos interesses dos seus membros, indivíduos ou suas instituições. Tais organizações não são criadas por governos, mas podem cooperar com ele. As ONGs cumprem um objetivo público e não buscam benefícios particulares. Exemplos são ONGs de caridade que existem dentro de grupos religiosos e a Cruz Vermelha.

Perigo: algo potencialmente perigoso ou prejudicial, muitas vezes, a causa-raiz de um resultado indesejado.

Período Operacional: o tempo agendado para executar um determinado conjunto de ações de operação, conforme especificado no IAP. Os períodos operacionais podem ser de vários comprimentos, mas geralmente são de 12 a 24 horas.

Plano de Ação de Incidentes: plano oral ou escrito contendo os objetivos estabelecidos pelo comandante de incidentes ou comando unificado e táticas de endereçamento e atividades de apoio para o período operacional planejado, geralmente 12 a 24 horas.

Plano de Operações de Emergência: um plano para responder a uma variedade de perigos potenciais.

Posição do comando do incidente: o local do campo onde as principais funções do comando do incidente são realizadas. O ICP pode ser colocalizado com a base de incidente ou outras instalações de incidentes.

Prevenção: as capacidades necessárias para evitar, prevenir ou impedir um ato ameaçado ou real de terrorismo. Na orientação nacional de preparação, o termo "prevenção" refere-se à prevenir ameaças iminentes.

Procedimento Operacional Padrão: um documento de referência ou um manual de operações que fornece o propósito, as autoridades, a duração e os detalhes do método preferido de executar uma única função ou várias funções inter-relacionadas de maneira uniforme.

Recuperação: as capacidades necessárias para ajudar as comunidades afetadas por um incidente a se recuperar efetivamente.

Recurso Único: um indivíduo, um equipamento e seu complemento de pessoal, ou uma equipe/equipe de indivíduos comum supervisor de trabalho identificado que pode ser usado em um incidente.

Recursos: pessoal, equipamentos, equipes, suprimentos e instalações disponíveis ou potencialmente disponíveis para a cessão de operações de incidentes e para qual *status* é mantido. Os recursos são descritos por tipo e tipo e pode ser usado em suporte operacional ou capacidades de supervisão em um incidente ou em um EOC.

Relatório de situação: informações confirmadas ou verificadas sobre os detalhes específicos relacionados a um incidente.

Resposta: os recursos necessários para salvar vidas, proteger a propriedade, o meio ambiente e atender às necessidades humanas básicas após a ocorrência de um incidente.

Reunião de Planejamento: uma reunião realizada, conforme necessário, antes e ao longo de um incidente para selecionar estratégias e táticas específicas para operações de controle de incidentes e para planejamento de serviços e suporte.

Seção de Operações: seção ICS responsável pela implementação de operações de incidentes táticos descritas no IAP. No ICS, a seção de operações pode incluir filiais, divisões e/ou grupos subordinados.

Seção de Planejamento: a seção ICS que coleta, avalia e divulga informações operacionais relacionadas ao incidente e para a preparação e documentação do IAP. Esta seção também mantém informações sobre a situação atual e prevista e sobre o *status* dos recursos atribuídos ao incidente.

Segurança Operacional: implementação de procedimentos e atividades para proteger operações sensíveis ou classificadas envolvendo fontes e métodos de coleta de informações, técnicas de investigação, ações táticas, medidas contra espionagem, métodos de contra inteligência, agentes secretos, testemunhas cooperantes e informantes.

Sistema de Comando de Incidentes: uma abordagem padronizada para o comando, controle e a coordenação do gerenciamento de incidentes no local, fornecendo uma hierarquia comum dentro da qual o pessoal de várias organizações pode ser efetivo. O ICS é a combinação de procedimentos, pessoal, instalações, equipamentos e comunicações operando dentro de uma estrutura organizacional comum, projetada para auxiliar no gerenciamento de recursos em cena durante incidentes. Ele é usado para todos os tipos de incidentes e é aplicável a incidentes pequenos, bem como grandes e complexos, incluindo eventos planejados.

Sistema de Coordenação Multiagências: um termo abrangente para os sistemas de comando e coordenação do NIMS: ICS, EOCs, Grupo MAC/ grupos de políticas e JISs.

Sistema de Informação Conjunta: uma estrutura que integra informações de incidentes abrangentes e assuntos públicos em uma organização coesa, projetada para fornecer informações consistentes, coordenadas, precisas, acessíveis, oportunas e completas durante operações de crise ou incidentes.

Sniper: é o policial militar integrante da equipe de *sniper* que, utilizando-se de armamento especial, posiciona-se em posto favorável de visão em relação ao ponto crítico, de tal maneira que, servindo-se de equipamentos ópticos de aproximação, exerça papel subsidiário de observação e coleta de informações a respeito da crise e, em sendo necessário para a proteção e defesa de vítimas de ações delituosas, venha a executar um tiro contra o causador do incidente de acordo com critérios e análise da situação. O gerente da crise efetivo é quem autoriza o tiro de comprometimento.

Supervisor: o título do ICS para um indivíduo responsável por uma divisão ou grupo.

Sistema: qualquer combinação de processos, instalações, equipamentos, pessoal, procedimentos e comunicações integrados para um propósito específico.

Táticas: implantação e direção de recursos em um incidente para atingir os objetivos. Arte de dispor e ordenar tropas em posições definidas e meios móveis para o combate.

Terrorismo: qualquer atividade que implique um ato perigoso para a vida humana ou potencialmente destrutivo de infraestrutura crítica e seja uma violação das leis criminais ou de qualquer estado ou outra subdivisão, e parece ser destinado a intimidar ou coagir uma população civil ou influenciar a política de um governo por intimidação ou coerção, ou afetar a conduta de um governo por meio de destruição em massa, assassinato ou sequestro.

Unidade de comando: um princípio orientador do NIMS, afirmando que cada indivíduo envolvido no gerenciamento de incidentes reporta e toma direção de apenas uma pessoa.

Unidade de esforço: um princípio orientador do NIMS que fornece coordenação através de cooperação e interesses comuns e não interfere com as autoridades de supervisão, comando ou estatutárias do departamento federal.

Varredura antibomba: ação preventiva, direcionada e organizada com o intuito de se verificar a existência ou não de artefatos explosivos no interior de determinada área.

Brevê de Gerenciamento de Crises:

Criado por Wanderley Mascarenhas de Souza, quando Chefe da Divisão de Treinamento / Diretoria de Ensino da PMESP, por ocasião do 1º Curso de Gerenciamento de Crises no Brasil, ministrado na PMESP e sob sua coordenação.

Representa as 4 Alternativas Táticas empregadas na Resolução da Crise operada na atividade Policial.

LEIA TAMBÉM:

RADIOGRAFIA DO SEQUESTRO

NEGOCIAÇÃO DE REFÉNS

COMO SE COMPORTAR ENQUANTO REFÉM

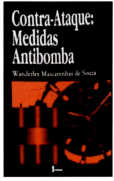
CONTRA-ATAQUE: MEDIDAS ANTIBOMBA